中国都市への変貌

悠久の歴史から読み解く持続可能な未来

CHINA'S URBAN TRANSITION

ジョン・フリードマン 著
谷村光浩 訳

目次

※本書の表記中、［　］は著者の、〈　〉は訳者による付記であることを示す。

世界を旅する人、そして偉大な演奏家 マーティンへ

はじめに

今日の中国におけるアーバニズムへの「移行」は、古くからの伝統のなかで生じている。この国を訪れていない多くの人々は、依然として本質的に農村社会の中国を思い描くかもしれないが、確証のあるその都市史は、少なくとも商〈殷〉王朝（紀元前一六〇〇〜一〇五〇年頃）にまでさかのぼり、ほんのひと握りではなく、何百という都市が数えられている。その歴史は、ヨーロッパの経験とは大きく異なっている。ヨーロッパでは地中海を中心に同じく古くからの都市の伝統を有しているが、都市とは、多くの場合、都市国家であった。一方、中国の都市は、大規模な城壁をめぐらせ、そのランドスケープのなかで特に際立っているが、自治制度を編み出すことはなかった。中国の都市は、おおよそ、それ独自の勢力というよりも、むしろ権力者の座であった。

そうした中国におけるアーバニズムの伝統にあっても、今日みられるようなスケールの変貌については先例がない。すでに、現在、中国の人口の三分の一強（三六％）は都市に暮らし、その比率は年々上昇し続けている。これから三〇年以内に、中国の人々の三分の二近く（六〇％以上）は、都市に住むようになるであろう（およそ四億六、〇〇〇万人から九億人に上昇）。これは、大きな変貌・変動の物語――すなわち、その絶大さにより、ないがしろにできない物語――である。

ただ、中国の都市変動に取り組むのには、抑えがたいもうひとつの理由がある。中国に目を向ける海外の多くの人々は、上海の光り輝くオフィス・タワー、豪華なホテルといったきらびやかな光景に、ひいては上海等の中国の巨大都市にて新たに形成されつつある世界的な大都市を連想させる表象に、惹きつけられている。そうしたイメージは、この国がグローバル化――西側に「追いつく」こと――に全力を注いでいるとの広く行き渡った考え方の一因となっている。こうした見方は、ともすれば中国の人々自身によっても強化され、自国の近代化のそうしたシンボルをあげることが誇りとされている。しかし、こうした理解は、中国において実際に作用し、その歴史に深く埋め込まれてきた社会・文化的プロセスをかすませる。思い起こしてみるとよいが、中国は、単に国民国家の枠組みに留まらず、世界の大文明のひとつでもある。この点に関しては、西欧もしくはインドに相当するもので、西側が積み重ねてきたノウハウとは異なる手立てや、方向感で発展していくと考えられる。このことは、中国を「読み」取る作業を非常に興味深いものにしてくれる。したがって、本書を通じて、都市ガバナンスの問題、「市民社会」の役割、あるいは改革の時代の偉業が、グローバル化の派生的な結果というよりも、むしろどの程度〝内からの開発〟の成果であるのかなどの主題を考察しながら、中国独自のアプローチを論じていきたい。

本書は、改革の時代にみられる中国の多様な都市化プロセスの概論である。この国を専門とされているわけではないが最近の事情への理解を深めたく昨今の参考文献への手引きを探されているような、学生や研究者等の方々を対象としている。私自身の専門分野は、都市・地域計画であり、都市、その起源、成長、地域的影響に、生涯を通じて関心を抱いてきた。本書では、英語で著された関連文献を総合し、解説するという作業を試みている。中国の都市については、多数の権威ある単著が見られるにせよ、都市化に関する最近の著述は、専門誌や、多くの場合、国際会議の報告集に手が加えられた共著のなかに収められた論文のかたちで、散在して見出される。そうした著作の一部は、雑誌記事風ともいうべきおもむきであり、多くは歴史的な観点を欠いている。急速に進む都市への変貌に大いに魅せられるなか、おそらく、これは避けられないのであろう。同時に、そうした論考の多くは、ほどなく古めかしさがするような寸描にすぎない。しばしば、それらは本質的に、遠く過ぎ去った時代といった感じを瞬く間に帯びるような、ある一時点に撮られたスナップ写真である。これは、たとえば、ロス・テリル（Ross Terrill）の*Flowers on an Iron Tree*〈鉄樹開花〉（1975）という著作のなかで、彼の都市に関する「描写」を読んだ際に感じる印象であろう。テリルは、洞察力の鋭い旅人であるが、彼が描いている、毛沢東思想が中軸をなした時代も終わりを告げようとするころの上海、大連、杭州、武漢、北京のイメージは、新しい世紀から来ているような、より今日的な旅行者の心を打つ。とはいえ、過ぎ去った時間は三〇年にも達していない。

友人たちには、カリフォルニア大学ロサンゼルス校を退官した後の歳月を、どうして中国の都市化の研究に振り向けることにしたのかと尋ねられてきた。中国の哲学や詩に、生涯にわたり関心を寄せてきたこともあるが、みずからの時間を投入する意欲を起こさせたのと同じほどに、読者の関心が喚起されることを願う別の理由がある。今日、中国で生じていることは、世界史的な重要性があると考えている。この一〇〇年で、中国は、アジアにおけるひとつの経済大国として頭角を現してきた。今や、世界有数の工業生産国で、急速かつ持続的な経済成長を遂げている比較的安定した国である。一〇~二〇年以内に、最先端の科学技術を有する先進諸国に比肩するような能力も備えるであろう。地理的には、インド、ネパール、ブータン、パキスタン、タジキスタン、キルギス、カザフスタン、ロシア連邦、モンゴル、北朝鮮、ベトナム、ラオス、ミャンマーと国境を接している。韓国ならびに日本には近隣国である。明らかに、中国はすでにこの地域で最も力強く、活力に満ちた国である。

本書を取りまとめるにあたり、草稿のすべてに目を通す時間と手数をかけ、忌憚のない論評や示唆を寄せてくれた良き友人ならびに同僚——ティモシー・チーク（Timothy Cheek）、マイケル・リーフ（Michael Leaf）、ティモシー・ブルック（Timothy Brook）、

ロシア連邦
ウルムチ
新疆ウイグル自治区
北京
チベット自治区
ラサ
黒竜江省
ハルビン
モンゴル
吉林省
内モンゴル自治区
瀋陽
遼寧省
朝鮮民主主義人民共和国
黄河
北京市
甘粛省
大連
天津市
河北省
大韓民国
万里の長城
黄海
寧夏回族自治区
青海省
山東省
青島
山西省
安陽
大運河
鄭州
蘭州
陝西省
開封
江蘇省
洛陽
西安
(長安)
河南省
南京
上海市
安徽省
蘇州
湖北省
寧波
長江
杭州
成都
武漢
浙江省
東シナ海
四川省
重慶市
温州
長沙
江西省
湖南省
福建省
福州
貴州省
泉州
厦門
台湾
昆明
広東省
雲南省
広西チワン族自治区
広州
深圳
珠江
マカオ特別行政区
香港特別行政区
0
200マイル
0
200キロ
ベトナム
ミャンマー
海口
南シナ海
ラオス
海南省
タイ

中国略図——省、主要都市

ダニエル・アブラムソン（Daniel Abramson）、王才強（Chye Kiang Heng）――に、深く感謝申し上げたい。さらに、伍美琴（Mee Kam Ng）は、第六章について明敏なコメントをくれた。アブラムソンには中国における都市への変貌を見事にとらえた画像の提供に、またエリック・ラインベルガー（Eric Leinberger）には、素晴らしい地図の作成に厚く御礼申し上げたい。末筆ながら、リス・アン・ショア（Lys Ann Shore）の入念な校正にも謝意を表したい。その繊細な言葉への感覚が、本書をさらに読みやすいものにした。

なお、生涯の愛しき人、レオニー・サンダーコック（Leonie Sandercock）は、出版までの過程において、本書のすべての行に目を通すのみならず、彼女が気づいている以上にいろいろな意味で、この長期にわたる取組みを精神的に支えてくれた。

序論――中国の都市への変貌

二〇世紀の幕開けとともに、中国はひとつの壮大な行程に入った。その道筋は未完で、最終的に行き着く先も見極められない。二五五年にわたる治世の後、一九一一年、満州族の清王朝はついに滅んだ。満州族の支配者は、世界の新たな政治力学――すなわち、中国がもはや免れられない力学――に、首尾よく対処することができないとわかっていた。南京において、翌年、孫文は中華民国の建国を宣言した。

その後の三〇年間は、軍閥が勢力圏争いを繰り広げ、想像を絶する混乱の時代となる。日本軍は中国へ侵入し、満州に傀儡国家をつくり、そのうえ南下して上海や南京を占領している。一方、蔣介石のもと、ごく限られた影響力を有するだけの国民党の国民政府は、民族解放を唱える毛沢東の共産主義勢力との激しい内戦にくぎづけになる。その後、日本は敗れ、国民政府は、台湾というその最後の砦へと引きこもる。そして、三〇年間にわたり革命的共産主義を率いた毛沢東は、一九四九年一〇月一日、天安門広場にて中華人民共和国の成立を宣言している。市場経済にかえてソビエト式の中央指令型計画システムがとられ、さらには重工業偏重の強硬な工業化が開始される。それから一〇年も経ない一九五八年には、農家の生産活動が人民公社制度のもとで集団化され、五億人の農民は、新たな国有企業への投資に必要な余剰を創出するために動員されている。大躍進〈一九五八～六〇年に展開された鉄鋼・食糧の大増産運動〉ならびに文化大革命〈一九六六～七六年、〝資本主義の道を歩む実権派〟の打倒などが呼びかけられた政治闘争〉にて、空想的な諸事業への大衆動員は大惨禍をまねくが、毛沢東自身は、一九七六年に生涯を終えるまで権力を手放さない。彼の後継者（悪評高い四人組）とのしばしの権力闘争の後、一九七八年、鄧小平は最高権力者の座へと昇り詰める。彼は、集団化された農業の解体、社会主義市場経済への方向づけ、中国の対外開放を手始めに、一連の遠大な改革に乗り出す（註1）。

こうしたできごとは、直線的な進展——分裂から統一へ、植民地の従属関係からみずからの国づくりへ、従うばかりの弱々しさから自己主張する強さへ、世界に対して相対的に閉じた状況からグローバルな「フローの空間」の構成要素へ——を示唆する、ひとつの大きな物語を必ずやつくり上げよう。すなわち、農業社会の停滞、低開発、貧困状態から、都市・工業化された多様な経済のダイナミックな発展へ、地域が群島を形成するような状況から、国家全体としてますます統合された空間経済へ、そして、おもに村を基盤とした社会から、しだいに都市が中軸となる社会へという流れである。おおよそ前述のような一連のできごとについて、それぞれに解釈された記述からひとつの大きな物語を組み立てるにあたり、主たる問題は、その物語がまだ完結していないことである。その結末も、中国の悠久の歴史のなかでの大いなる意味合いもわからない。それから、新聞の紙面を埋めるできごとから距離を置くことがなければ、「これこれが生じ、それから……」以上の論議を困難にするような、総体的な見方の欠如に帰する。この物語は前へ進み続けるのであろうか、反転するのであろうか。中国は、ひとつの自由民主主義国家として成功を収めることになるのだろうか。あるいは、中国が今や世界の大国へと浮上してきたことが、いつしかもうひとつの世界的紛争を誘発するのだろうか。この種の問いは、近年の中国について語りうることを制約する。したがって、その語り口は引き続き歯切れが悪く、明らかにこれからも重大な修正を求められよう。

本書のねらいは、この二五年間に及ぶ、ポスト毛沢東時代の経済改革を軸に、中国の加速する都市化の物語を記すことである。それは重層的な物語である。極めて単純で最も良く知られた表現方法では、それは、人口統計学の専門家が農村に対して都市と分類してきた人口の割合の変化となる。中国において、これは、都市人口が一九四九年のおよそ一〇%から、五〇年後には二六%へと増大したことをさす。つまり、ほぼ一三億の現人口のうち、昨今、都市に暮らす人々の総数は約四億七、〇〇〇万人ということになる（Chan and Hu 2003）。人口統計上の推計によれば、この増加傾向は今後二五年間以上続くとみられ、その頃までには、さらに肥大化する総人口の五〇%以上が都市に——すなわち、人口センサスで定義されているような当局が認める都市居住として——分類されるであろう。しかし、このような統計上の定義に加えて、「都市への変貌」には、行政的、経済的、物的、社会・文化的、そして政治的な観点からとらえる、少なくとも五つの違った側面がある(註2)。これらが勘案されると、悩ましいことに、必ずしも十分に同期化させられるとは限らない動的な諸力のマトリックスが形成される。都市化は、社会的緊張、紛争、民衆の抗議行動の噴出を必然的にもたらすような、先を行くものと遅れるものが織りなす均一ではない空間的プロセスである。

マスメディアの影響により、最近、社会・文化的な都市化が、抑えがたい欲望を刺激しながら、他のいずれの側面よりも急速に広まっている。農民は、新たな農村工業〈農村部の中小工業〉を立ち上げようと、にわか企業家として、みずから動きはじめている。経済的な都市化は、必要な社会的インフラストラクチュアの整備にあたる地方政府の力量を超えている。いくつかの地域は、早い時期に都市化し、その成功をもとに、活力に欠ける地域をはるかに引き離していく。人口移動に目をやれば、農民が都市へ流入している。ただし、故郷にもどる際には、多くの場合、人々は都市の何がしかを農村へもち込む。共同体や連帯意識というような旧来の概念は、人々が他者にいかなる影響が及ぶかに思い悩むことなく先んじようとするにつれて、ぎりぎりのところまで追い込まれている。そして、加速する経済的、文化的な変化の過程は、生きていくことについて矮小化した見方を強め、より長期的な未来への影響が何であろうとも、即時の利得が期待される。都市開発は持続可能であるべきとの考え方は重要かもしれないが、豊かな生活へ昇り詰めるエスカレーターへの足がかりを得たい人々には、相対的にほとんど気づかわれない。

こうした種々の側面のすべては、空間的に読み取られ、理解されねばならない。地域、都市周辺部、人口移動、境界、溢れ出る過剰人口、規模、空間経済、人間居住、局所性などの関連概念は、本書と同様、既存文献にも多数みられるが、数多くの空間的メタファーに込められた枠組みのほとんどは多孔性であり、都市なるものの多様な、しかもしばしば予期せぬ空間構成につながる。明らかに、社会的、経済的関係は、もはや範囲を限定されない。これは多義性、不確定性、そして混迷度を大いに高めるが、国家によるルールが概して未整備で、やり方に制約のない影の世界で動きたい人々には、さらに新たな機会を見出すことにつながるかもしれない。中央政府は、むろん、手に負いかねるこのような空間、やり方の増殖には神経をとがらせる。しかし現代世界において、範囲の不定性とは、いずれの国家もどのように瓶へ押し戻してよいかわからない魔物のごとき、都市化という複合的な現象のひとつの基本特性である。

毛沢東の率いる中国は、革命的共産主義の最初の一〇年間（ソビエト連邦からかなりの援助を受けていた時期）を除いて、自力更生による閉鎖的経済であった。一九七〇年代末に諸改革が開始されるまでは、国境のみならず国内のさまざまな境界も、極めて重要視された。開放された都市は、中国がますます「グローバルなフローの空間」の一部になった近年のひとつの現象である（Castells 1996）。その後、都市化をグローバル資本に強く影響されているものととらえ、さらには「グローバル都市」などのヒエラルキーを語ることも一般的になってきた（Sassen 1991; Friedmann 1986, 1998b）。ジョン・ローガン（John Logan）のような一部の著者は、グローバリゼーションを、中国の都市化を大局的に理解する好適な観点としてまさに扱っている（Logan 2002）。実際、中国において、上海、香港、北京のようないくつかの都市は、「国際都市」（「世界都市」の中国語表記）になるための計画を発表している。ただ、いくつかの理由で、私自身はこの言葉を避けるようにしてきた。まず、都市の研究に際して、グローバリゼーションを分析の枠組みに取り入れると、国内的な視座、歴史的な歩み、そして内発性がなおざりにされるほどに外的な力学が特別扱いされるきらいがある。また、社会・文化的、政治的変数が除外されるほどに、経済的側面が重視される。さらに、中国の場合、何が「内側」で、何が「外側」であるのかを語ることが必ずしも容易ではない。いわゆる海外投資は結局のところ、「外地」としての現行の地位が現実的意味を失っている香港や台湾からしばしばなされる（中華人民共和国は、台湾をそのひとつの省と主張し、香港は一九九七年、特別行政区として中国に組み入れられた）。加えて、膨大な「外資」が、東南アジア、オーストラリア、カリフォルニアなどの中国系ディアスポラ（多くの場合、先祖代々住み続けてきた村を去って、わずか一世代か二世代である家族）からもたらされている。しかし、そうした中国系ディアスポラを「大中華圏」に欠くことのできない一部分としてみると、他ではグローバリゼーションの過程と称されるであろうことが、突如として、「開放された中国」のごとき、ひとつのトランスナショナルな中国の内発的過程になる(註3)。偉大な歴史家のジョン・K・フェアバンク（John King Fairbank）は、同様な結論に達している。「かねてより感じているように、中国の重心は、中国の人々の内に、中にあり、そこに変革の諸要素が集積された」(Fairbank 1986, 62)。

そこで、私自身の観点としては、グローバリゼーションに代えて、内発的発展の一形態として――内から生じるひとつの漸進的な過程として――の都市化に重きをおく。これは、みずからの出発点を、中国の歴史に求めることにつながっているが、それは、単にひとつの国民国家の歴史でなく、ひとつの文明の物語――都市に関しては、そのルーツは三五〇〇年以上前――である。この文明は、はるか古代を起源とする文学的に豊かな精神文化や哲学的、宗教的伝統によって確立されてきた。『易経』（変化の書）の経文や解釈にて展開されるような陰陽――相反するものから成る統一性――の宇宙論的な哲学、儒教の徳行に関わる教義、道教の無為思想、そして法家の流れを汲む政治的リアリズムは、すべての中国人にとっての文化的共有遺産である(註4)。歴史の流れのなかで、中国は異民族に支配されたりみずから統治したり、分断されたり統一されたりしてきた。数世紀にわたり、内陸ルートを通じてヨーロッパやアジアと活発な通商を続けていたが、太平洋では海洋交易の大国であった。一五世紀中葉には、中国は、海外への野心よりも、中央アジア諸国との関係に比重をおく大陸的な帝国に立ち返った（註5）。およそ四〇〇〇年の連綿たる歴史を有し、今や地球上で五人に一人以上に達しているこうしたスケールの国は、必然的に、それ独自の資源、伝統、そして文明の特質をもとに発展する。

したがって、本書の第一章においては、約三五〇〇年前、華北平原に現れた都市を手短に振り返り、続いて六〜一〇世紀、隋や唐王朝の都、長安（現在の西安）を概観する。長安は、世界に名立たる華麗な都市であった。また、統制が厳格になされた都市でもあり、その一〇〇万とも推定される人口は、都市を取り巻く三七キロメートルに及ぶ版築《はんちく》〈土を層状に突き固めていく築造法〉構造の壮大な城壁のなか、さらに坊墻《ぼうしょう》〈防壁〉で囲まれた坊に暮らした。坊はかならず、夕暮れ時に閉じられ、夜明けになって再び開かれた。同様に、長安のふたつの市場にも、高い壁がめぐらされた。これらの市場は、中国各地のみならず、遥か彼方からも商人を引き寄せた。長安は、壮麗ながらも、多くの点で軍隊の野営地のようであった。都市の歴史を研究する王才強（Chye Kiang Heng）は、こうした「貴族制律令体制の都市」にみられる厳格に管理された暮らしを、北宋の都、開封というひときわ開かれた民衆の都市（三〇〇年後に栄えた、活気にあふれた街）と対比して際立たせている。

時代を一挙に下って、この第一章では、長江に沿って位置する一九世紀の漢口（現在は、中国のシカゴと呼ばれることもある内陸都市、武漢の一部）にも立ち止まってみる。清王朝末期には、漢口は主要な通商拠点であった。もともとは城壁をもたず、したがって都でもなく、同郷・同業団体の活動が都市全体の秩序を維持したやり方は、今日的文脈において極めて興味深い。西欧の都市とは異なり、概して中国の都市は（具体的には漢口も）自治体ではなく、中国では地方自治体といった概念も生み出されたことがなかった。消防団、各種福祉制度等の社会秩序の維持・基本サービスは、大商人や郷紳〈地方の官僚地主層〉によって、ときには最寄りの行政上の中核都市にて任につく地方長官との話し合いを通じて維持された。

第一章の最後では、革命的共産主義の毛沢東体制下における都市を考察する。開封や漢口をはじめとする「開放的な都市」の流れは、事実上、中国のすべての人々をそれぞれ登録された居住地に縛りつける——特に大都市への人口移動を抑制する——戸籍登記制度によって、突如として断ち切られた。このいわゆる〝戸口〟制度は、手直しがなされているが、今日まで残存している。なお、都市については、その基本的な構成要素が〝単位〟〈工作単位〉と〈いう中国特有の社会組織に〉なり、公共空間としての街に背を向けてしまった。労働者の住まいと職場を結合した、塀で囲まれた構内という〝単位〟の様相は、古くは長安の厳格に管理された社会体制を思い起こさせる。

第二章では、一九四九年以降の地域政策の経緯を論じる。核の時代に政権の座につき、朝鮮戦争ではアメリカと戦火を交えた中国は、追い詰められたように感じていた。毛沢東ならびに長年にわたる革命戦線や抗日戦争をともにしたその側近は、経済より軍事的観点から思索した。一九六〇年、対ソ関係に亀裂が生じ、中国の北部国境も潜在的脅威にさらされた。ともあれ中国政府は、三線建設と呼ばれる地域政策を打ち出した。そのねらいは、中国で育ち始めたばかりの工業を、四川省などの西部の「山間部に、分散し、洞穴のなかに」隠すことによって、攻撃を免れるようにすることであった。同時に、各省は経済的な自給自足を強く勧められた。工業の再配置は、しばしば極めて非効率で、しかも地域が「群島」を形成するような中国のランドスケープで、地域レベルでの自給自足という考え方は、そうした旧来の特質を強化するだけであったが、この戦略は、軍事的な理由により正当化された。

鄧小平は、一九七八年に政権の座についた後、こうした戦略を「梯子理論」と称されるものに切り替え、反転させた。国土は、それに合わせて沿海部、中部、西部の三大地域に区分された。国家の全体としての開発のなかで、それぞれの地域には、明確な課題が割り当てられた。最も重視されたのは沿海部の省で、工業発展の加速期に不可欠なインフラストラクチュアや人材が備わっていた。経済成長が徐々に沿海部の都市から中・西部へ及ぶにつれて、やがて、何かしらの地域バランスが達成されるとの見通しである。一部の地域を先に豊かにさせるこのような政策は、地域の相互依存を促進する取組みによって、補強されることになる。毛沢東思想が中軸をなした過去とは訣別し、このアプローチにおいてはより長期的に、統合された全国的な空間経済の実現が見越されている。都市については、〝単位〟の塀をただ崩落するにまかせて「開放」され、かつての開封や漢口にむしろ近くなるであろう。街の重要さが見直されるかもしれない。

こうした政策は、中国の二大デルタ地域（珠江ならびに長江）にて続いている発展を際立たせてきた。第二章の後半においては、それらの「絶えず変化するランドスケープ」のひとつをきめ細かく考察するが、中国の現発展局面にあっては、農村・都市間、各地域間に、格差の広がりといった大きな問題が生じている。

第三章では、改革の時代の幕開けからおよそ二〇年間、特に沿海部の省での農村工業の驚異的な伸びに着目する。一九九〇年代後半、それらの生産総額は、中国の工業生産総額の概ね三分の一に達した。これは村や郷を、社会・文化的ならびに物的な観点からは、都市なるものへと一変させた。実際、内発的に都市のような姿になった多くの県は、後に市に昇格されている。この章の重点は、それらの内発的発展である。ここでも、また、歴史的な要素（陶磁器あるいは絹織物のように世紀を経た工芸の伝統など）が極めて重要であった。現代的な意味での農村工業化は、〈毛沢東体制下の〉冒進的な時期に端を発しており、ほかに食糧と小家禽の生産が中心であった人民公社には、大切な副収入源をもたらした。人民公社の解体、戸別生産制の復活は、先例のない、しかも実際のところ思いも寄らない、ローカル・レベルでの企業家精神の爆発につながった。一連の緻密な事例研究は、農村部のそうした変動を――すなわち、信じられないほど短期間に、混乱気味に起きたようにみえる変化を――生き生きと描き出すのに役立つ。新たに誕生した企業には、私有、株式制もみられたが、大部分は集団経営、つまり、一般に村あるいは郷による集団所有制であった。

この第三章においては、その類のない農村の都市化を促進した次の六要因を詳述する。①西側諸国の郊外以上という極めて高い農村の人口密度、②農業生産高に著しい影響を及ぼすことなく離農し得た多数の不完全就業者、③工芸の伝統にみられるような歴史的素地、④機知に富むローカル・レベルのリーダーシップ、⑤企業家としての才覚や成功への心得、⑥高水準な家計貯蓄（かなりの部分が事業に再投資され、残りは現代風の自邸建設、鎮や村の施設整備にあてられている）。章末にかけては、今や中国のいたるところで見られる、定期的な村民委員会選挙の実施という画期的な実践、そして中国での選挙による民主政治の未来への含意に触れる。

農村都市化の物語と密接に関連しているのは、高まる空間的流動性――特に、沿海部の都市での豊かさへの突然の猛進に取り残された、内陸部の相対的に貧しい地域に暮らす農村の人々のそうした動向――である。これが第四章の主題である。その物語は、広州や上海などの都市への流入者によって引き起こされかねない「氾濫」を抑え込む手立てとして、毛沢東思想が中軸をなした時代の初期に打ち出される〝戸口〟制度（戸籍登記制度）の起源についての論述からはじめる。人口移動に厳しい制約を設けようとするこの取組みは、生活必需品（食糧、食用油、燃料）が配給制によるかぎり、都市の規模を抑え、ひいては都市化にともなうコストも抑制し、かなりの効果をもたらした。しかし、一九七八年以降、改革がはじまるや、この〝戸口〟制度は、経済活動の深刻な足かせとなった。事実上、労働力以外のすべての自由市場は効き目がない選択肢ということになり、〝戸口〟制度には、移動に関する当局の制限を実質的に緩和する――もっとも完全な撤廃ではないが――さまざまな修正がなされた。いずれにせよ、何千万人という出稼ぎ労働者が、仕事を求め、新たに都市化が進む地域に向かって、ついに農村を離れた。「流民」として広く知られる新規流入者は、かねてから洗練された独自の生活様式に慣れ親しみ、みずからの特権を農村からの粗野な群衆と分かち合わなければならないことを危惧する都市住民からの蔑視にさらされた。ただ、農村の人々は、「臨時工」として必要とされた。そこで彼らは都市近郊に留まり、みずからの粘り強さと才覚とを当座の仕事に向けはじめた。多くの人々は建設現場で働き、若年女性は衣料品工場や家事事業務に職を見出した。水田での過酷な労働に就くため、家族全員で農村・都市縁辺部の古びた農家に入ることもあったが、もとからの村民は、新たに急成長を遂げた工場での職務に携わるか、その村の集団所有制企業からの配当を受け取り、出稼ぎ労働者向けの貸家を営むことで、単に不労所得生活者として暮らしていた。

逸話的資料はかなりみられるが、農村から都市へのそうした大規模な人口移動の諸局面に関しては、データがほとんどない。人口移動については、逐次型、反復型、周期型、帰還型、そして恒久型に、さらにはそれらが短距離なのか長距離であるのか、区別されなければならない。違法な流動者は、概念上、当局が認めた流動者とは別に扱われねばならない。そして、まさに「流動者」というカテゴリーそのものが、精緻に定義されるべきである。流動する人々の出身地として有名な七省で実施された、数少ない綿密な統計的な調査のひとつは、農民世帯のわずか三・一%にのみ、一年以上故郷を不在にした家族がいることを明らかにしていた。さらに、東部のいずれかの大都市よりも、むしろ近辺の郷へ動いただけの流動者がかなりみられた。調査世帯の三分の二は、外の世界へ誰も送り出していなかった。

このような論考の後、第四章では、流動する人々が向かった先で直面している惨憺たる労働条件の一端を描き出すとともに、北京や上海にて流動者が形成する集住空間を考察する。そして、最後に、帰還型の人口移動という重要な論題に関わるユニークな研究が見出したことや、帰郷する流動者が故郷の共同社会に及ぼすインパクトにふれる。

第五章においては、およそ二〇年間にわたる改革が、都市の日常生活にいかに影響してきたかを考察する。工作単位を核とする制度は、塀をめぐらせた構内にすべての労働者を閉じ込め、日常の必需品を与え、しかも彼らを常時監視・監督下においていたが、見切りをつけられた。〝単位〟は、ひとつの組織形態として続くが、ゆりかごから墓場まで労働者の暮らしに責任を負うことは、もはや求められなくなった。〝単位〟のなかには、たちまち破綻するものもあれば、海外よりパートナーを招き、輸出向けの生産を開始したものもある。そして大幅に削減された労働者は、塀を越え、新しい経済のなかで、みずからの生活を立て直そうとした。相対的に年齢の高い労働者の多くは退職したが、みずからインフォーマルな小企業を立ち上げるものや、郊外の「農村」工業に職を見つけるものさえいた。

新たに開放（より正確には半開）された都市での生活で際立ったのは、ひとつには、今や、みずからの自由な時間の過ごし方は自分で考えるという、人々の気づきであった。数多くの都市住民にとって、余暇は、生活のますます大きな部分となった。人々は、今では、社交ダンスから鳴き鳥やコオロギの賞玩にいたるまで（一九八〇～九〇年代、次々に流行した）、各自の趣味に打ち込めるようになった。また、〝気功〟と一般に称される各種の精神運動への関心も、にわかに湧き上がった。空高く高層集合住宅がそびえ立つにつれ、新中間層の世帯では、住戸の壁の外側に世事を置き去り、自分の家という他者の監視がないところへと身を移し、テレビをつけ、くつろげるようになった。彼らは、ただの働き蜂にはならず、都市の消費者になりつつあった。ただ、彼らは何よりも、みずからの新たな役柄によく通じていなければならなかった。政府は、そうした変化に関心を抱いた。そして、だまされた顧客が訴訟を起こすことや、品質基準全般の引き上げを支援しようと、各目標に邁進する消費者保護団体がほどなく続々と出現した。

これらの論点については、すべて「個人の自律性に関わる空間の拡大」という総合的な表題のもとで整理していく。近い将来、中国共産党がその権力の独占への挑戦を寛大に受け入れる可能性はないものの、省や末端レベルでは、政治との関わり方にさまざまな新しいかたちが現れ、なかには党の積極的な後押しさえ得た事例も見受けられる。華南地方の大きな島に新たに設けられた海南省からは、そうした試みのひとつが伝えられている。「小さな政府、大きな社会」の標語のもと、海南省は、社会主義市場社会が耐えうる範囲を押し広げているように見える。この第五章では最後に、中国の都市における「市民社会」の問題を論じる。ドイツの哲学者、ユルゲン・ハーバーマス（Jürgen Habermas）が提起したような「公共圏」の概念は退けて、自主的に結成された組織にかなりの能力があり、中国の都市に次々と誕生している数多くの新たな団体が、表向きは党・国家によって監督されているとはいえ、関心事項を明確に表明するひとつの重要な拠り所となっていることを論じる。

地方レベルにおけるガバナンスは、第六章の論題である。ある意味で、それはポスト革命期の中国にとって新たな課題である。毛沢東体制下、中央指令型の計画が北京から辺境の都市や農村の末端組織まで、多段の指揮系統を順に下達され、〝単位〟で構成された都市は、何ら複雑なガバナンスの仕組みを必要としなかった。しかし中華帝国の歴史にまでさらにさかのぼれば、現代を解き明かすための新たな視点を得られる。現行のガバナンスの仕組みについては、過去のそれとまさに同じ生地から裁たれている。

この第六章は、後期中華帝国にみられた県レベルの〝衙門《がもん》〟、すなわち官衙《かんが》が果たした役割の考察からはじめる。歴史的に、任につく官員（地方長官）の威厳に満ちた存在は、行政上の中核都市の城壁に象徴され、その中心部には壁をめぐらせた官衙がおかれた。地方長官の役割は、帝国の施策が実施されるように取りはからうことであったが、そのおもな責務は、所定の税額を上納し、管轄区域の社会秩序を維持することであった。建前上、その権力は、県全体――つまり、皇帝の臣民すべてに、ことに城壁を越えて田畑で精を出して働く人々――に及んだ。しかし、実際には、地方長官はほとんど都市を離れず、人々に嫌われた「胥吏《しょり》」に、農村世帯からの徴税、彼ら自身ならびに官員の不当利得の追求、そしてあらゆる騒動や反乱に関わる風説の報告を行わせた。都市におけるこうした地方長官のおもな業務は、末端での裁判や紛争処理であった。結局、地方長官が親しく交わったのは、地元の郷紳や商人であった。それは、極めて実入りがよく、相互に旨味のある取引となった。こうした名士こそが、都市における真の実力者であり、都市に不可欠な公益事業を支えたインフォーマルな統治機構をなした。

一九二〇～三〇年代、共和制主義者が率いた政治的空白期間に、初めて正式な市政府が現れた。しかし、当時の混乱した状況がその基盤固めを阻んだ。むしろ、地元の名士によるインフォーマルなガバナンスの伝統が続いた。そして、これは、公共秩序の維持といった役割において高まる責務を負った多数の制服警官の配置によって補強された。一九二〇年代、北京はじつに世界で最も警備された都市との世評を得ていた。

革命的共産主義の時代、都市ガバナンスは、比較的単純なことであった。集団での生活は、〝単位〟を中心に組織され、少なくとも理論上は、北京からふたつの並列するヒエラルキー――共産党と国務院の関係機関――を通して下達される指令により、時計仕掛けのように営まれた。しかし改革の時代に入り、〝単位〟制度が徐々に解体されるにともなって、市政府は突如としてさまざまな新しい職責を突きつけられ、それらには実質的に中央から何の支援もない状況で取り組まざるを得なかった。それで、中央政府が（地方のことに口をはさむ強権は手放さないものの）地方のことからは手を引くにつれて、最初に問題となったのは資金であった。すなわち、都市の発展のために、なすべきことの何をするにも不可欠な現金を、いかに調達するかであった。窮地を脱する方法は、ふたつの方面からもたらされた。そもそも、土地は公有制であることからリース可能で、新たな産業、住宅、空港、港湾の整備が必要となれば、土地需要が急伸する。さらに集団所有制の、しかも収益性の高い事業は、公的事業の費用をまかなうのに役立てられる。

そうしたふたつの収入源の開拓は、市政府ばかりでなく、区政府（市の一級下の行政機構）や街道弁事処（区の派出機構）――毛沢東思想が中軸をなした時代の名残である言葉遣い――でも、「二重性」と呼ばれるような状況を創出しており、そこでの政府の営利事業とは、都市の基本的なサービスに対するニーズの充足のみならず、収益性が高いと見込まれる企業活動の展開である。なお、悲しいことに、二重性は腐敗をもたらし、いくらかの私利私欲を追い求める行為は、関係者が共同体にとって適切なことを進めているかぎり一般に容認されているが、行き過ぎた場合には激しい怒りをかう。結果的に政府は、やむなくとはいえ、非常に傑出した数名を厳しく取り調べ、罰金、降格、解任、投獄、あるいは死刑といったものが言い渡されるような裁判を行わざるを得なくなる。

第六章の最後に、都市計画の問題を少し詳しく取り上げる。革新運動としての都市計画への初めての視座は、一九一九年、孫科――ほどなく広州（広東）市長になる孫文の息子――によって示されたものの、都市計画は、毛沢東時代には沈滞し、一九八〇年代半ばになってようやく復活したところである。その後は、およそ六万人の熟練、半熟練、さらには未熟練プランナーさえも、中国沿海部の各都市当局に配し、急速な進展を遂げている。その職務は、大小さまざまな都市の基本計画づくり、ならびに立地、土地利用等の諸事項に関する行政管理制度を通じた、同計画の実施である。しかし、今や土地開発・計画というゲームには、あまりにも多くの主体が登場し、しかも、現実の動きが、プランナーが策定する計画よりも速く、その即効性はあまり高くない。それでも、その専門職は確固たるものになり、巧みなプランナーは、みずからの懸念が聞き入れられそうな都市の政策課題に口をはさむ手立てを探っている。

最後に結論では、上述の考察から引き出されるいくつかの教訓を整理するとともに、「持続可能」な都市といった問題に言及する。よくある経済、環境、社会という――本質的に相容れないかもしれない――三要素からなる持続可能性に加え、変革の道そのものが、停滞と無秩序な状況という両極の「中道を歩むこと」といった意味でも「持続可能」でなければならないことを論じる。そうした道筋において、ひとつの重要な側面は、中国みずからの歴史、その価値観、制度にみる、継続の重要性である。次いで「これから先の進路――持続可能な都市とは」という幅広い見出しのもとでは、政策的に重要な三課題を取り上げる。それらは、主要都市における環境問題（武漢ならびに昆明を中心に）、都市にて高まる失業への不安や今後の雇用なき成長の恐れ、そして最後は、都市において高まる貧困と所得の不平等である。ここに語られる物語には明らかに適当な終止点などない。多くのところは、中国の指導者が前途に待ち受ける課題にいかに対処するかによるであろう。

この論考では触れていないが、おそらく、この国を外から見ている読者に、少なからず興味深いひとつのテーマは、都市への変貌が——急速な経済成長と、単にグローバル資本への経済開放のみならず、恣意的であろうともさまざまな観念や大衆文化を伝達するメディアの市場経済化をめざす確固たる取組みによって促されているが——、ゆくゆくは今の党・国家からはずれ、より多元的なかたちへの政治的移行にも結びつくのかといった問題であろう。言い換えれば、読者は、競争の激しい比較的開かれた市場経済への移行が、政治分野においても似通ったことになるのかどうかに関心があるかもしれない（Lindau and Cheek 1998）。

この問いは人を引きつけるが、どうしても推論にすぎず、都市への変貌の諸側面のいずれにも直結していない。たとえば、民主政治への展望よりも、現代中国にて末端レベルの市民が織りなす日常生活の「個人の自律性に関わる空間の拡大」を論じようとするのは、このためである。本書の論考基準は、仮説にもとづいた近い将来の中国ではなく、むしろ現存する中国である。先に述べたように、中国は、世界の大文明のひとつである。文化的に、西側のよい社会という概念に従わされている「タブラ・ラサ〈何も書かれていない石板〉」ではない。しばしばみられるように、商品市場でさえ、中国では文化的に独特なかたちで機能している。市場は、構造的な意味では、制度的に特徴づけられ、また現象学的には、文化的に受け入れられる商慣習によって、その姿が明示される。究極的には、中国は、それ自体の言葉で理解され、内側から考察され（海外の研究者には、できる範囲において）、その歴史にほとんど関連性がない基準よりも、それ独自の基準で評価されなければならない。明敏な読者は、かならずや、今日の研ぎすまされた見方に沿うことができていない引用等の部分を本書に見出されるであろうが、全体としては、そうしたものに従うようにしてきた。

中国の歴史——略年表

紀元前 1600 － 1050 頃	商〈殷〉
1025 － 256	周
770 － 403	春秋時代（領土国家の形成）
403 － 221	戦国時代
221 － 206	秦（最初の統一国家）
202 － 後 8	前漢
25 － 220	後漢
220 － 581	群雄割拠の時代（「暗黒時代」）
581 － 618	隋（中国の再統一）
618 － 907	唐
960 － 1127	北宋
1127 － 1279	南宋
1271 － 1368	元（モンゴル帝国）
1368 － 1644	明（漢民族国家の再建）
1644 － 1912	清（満州族の王朝）
1912 － 1949	中華民国
1949 － 現在	中華人民共和国
1949 － 1976	毛沢東のもとでの革命的共産主義
1978 以降	改革の時代

第一章
歴史的足跡

中国の都市の起源を探究した地理学者、ポール・ウィートリー（Paul Wheatley）によると、華北平原は都市が初めて現れた、ごく限られた地域のひとつであった（Wheatley 1971）(註1)。考古学的資料（主として衛河下流域の安陽にて発掘された遺跡）からは、紀元前一六〇〇年頃に始まる商王朝の後期に、都市的な形態が初めて現れたことが読み取れる。しかし、より確かな資料によれば、それよりほぼ一〇〇〇年後、周王朝として知られている小規模な領土国家の時代からと推定される。

周王朝の初め、華北平原に広がるモザイク状の邑《ゆう》〈集落〉は、それに先立つ商王朝の礎であり、周王が現れ、とりわけ最も重要とみられるこの新しい王朝の軍役制度が確立されるまでは、ひとつの組織された国家という枠にはまることなく存続していた氏族共同体的な村落を包含していた。これらの邑は、いずれの形態も、周王の政治機構に組み込まれた。そしてそれぞれは、いつしかその固有な起源にもかかわらず、都市ヒエラルキーの出現にひとつの役割を負い、各構成部分はそうした体制のそれぞれのレベルにて祭祀、軍事、農事機能を結合させた。このヒエラルキーの頂点には、渭水盆地に当代文化の理知的、宗教的、社会的、審美的な価値を広める最先端の中心地、鎬京の都が位置づけられた（Wheatley 1971, 173-74）。

中国の思想に則し、周の都市、とりわけ都は天の意思と正確に同調しなければならなかった。したがって、「周の都市にみられる……極めて重要な特徴のひとつは、それがヒエラルキーのどのレベルであれ、土地神への祭壇であった。それは、……霜、露、風、雨にさらし、天と地のさまざまな作用へ差し障りなく接することができるように、絶えず開かれていた。この祭壇になされる覆いは、支配者の血統が断絶し、国家や都市が滅亡することを意味した。後に、国家は再編され、都市は再建・復興されるかもしれないが、さしあたり、いずれも消滅させられた」(175)。土地神への祭壇は、絶え間なく続く国家権力の象徴としての役割を果たした。特に、都についてはさらに崇め敬われたふたつの象徴がみられる。ひとつは、祖先をまつる廟であった。領土を治めてきた代々の支配者の霊は鎮められなければならず、そこには位牌が納められた。もうひとつは、天をまつる壇であり、概して、都市を囲む城壁の外側に近接して配された。天は、人のなすことを裁定し、正当な王に権力を授けた。これは、天命と称された。ただし、天命は時に取り消されることもあり、当該国に破滅をもたらした(Wright 1977, 39-41)。

秦王朝にて最初の統一帝国が形成される直前の戦国時代までに、都は、神によって定められた政治権力の中心地というだけではもはやなかった。ジャック・ジェルネ(Jacques Gernet 1996, 72)は、「それらは、大規模な商工業の中心地になる傾向がみられ、最も新しく発掘された遺跡からは、戦国時代末期に城壁が伸長されていたことが明らかになってきた。……要するに、紀元前三世紀、抗争の目的は、しばしばそうした大規模な商業の中心地を手に入れることであった」と論じている。こうした抗争に明け暮れる領土国家は、ついに、強大ではあったがはかなく消えた秦王朝によって天下統一された。儒家の思想を退け、社会秩序に法家の考え方を取り入れた秦は、無慈悲で軍国的な支配体制であった。それは、何代にもわたって争い合っていたいくつもの国々を滅ぼし、中央集権国家を形成した。北方の大草原から遊牧民族の「匈奴」が侵攻してくる不断の危機に対しては、秦王朝の支配者は、万里の長城を築くことにより、中国の農耕社会を守ろうとした。この支配体制の最大の成果は、中国の政治的統一であった。しかし、その荒々しい世は短命に終わり、次代の王朝を打ち立てた前漢は、秦の軍国的思考に代えて、儒家の思想を取り入れた(註2)。

古典を叩き込まれ、官に配属された学者は、周代に都市建設を左右してきたとみられる諸原理を再構成し、それらを当代ならびに後世の理想的なかたちとして取りまとめた。たとえば、都は、「四方位の基点」、すなわち天下のすべての中心とみなされ、慈悲深い皇帝の治世を意味した。階層組織化された官の支配拠点を取り囲む城壁は、警備のためばかりでなく、領土の隅々にまで、皇帝の権威という畏敬の念を起こさせる影響力を象徴するため、高くされることになった。どのような新都市においても、用地の選定は、平和と繁栄を生み出しうる従うべき宇宙の諸力との同調を確かなものにすべく、然るべき占法によってなされた(註3)。

貴族的な帝国――隋・唐王朝

二二〇年に後漢が滅亡した後、中国の歴史において統一を成し遂げたもうひとつの王朝、隋の成立まで、分裂の時代（中国における「暗黒時代」）が、数世紀にわたり続いた。漢王朝は、北方の権力基盤で水に恵まれた肥沃な盆地である「関中」と呼ばれた地域に、その都、長安を造営していた。それから八〇〇年後、長安は勝利を収めた楊堅（文帝）にはまったくそぐわない、小さくみすぼらしい都市に見えた。彼は、みずからが帝位についたことを、まばゆいばかりの都で示したかった。そこで、ひとつの中国をかつて支配していた漢代の都のように、長《とこ》しえに安らかなる長安の新しい都市づくりに着手した（註4）。隋王朝は、長くは続かなかったが、新たに唐王朝をおこした支配者は、それをますます華麗に発展させ、ついに一〇〇万を超える人口を抱えるまでになった。

唐代の長安城は、城壁で囲われた都市であった。版築構造の城壁は、その外周が三七キロメートルに及んだ。訪れる人々は、多数ある城門のひとつを通って長安城に入ることになるが、なかには堂々たる門楼をいただくものもあった。この防備を固めた外周の内には、城壁で囲まれた宮城が、北の方におかれた。貴族や庶民は、大街路で区分けされ、坊墻で囲まれた〝坊〟（街区）に暮らした。幅一五〇～一五五メートルに及ぶ朱雀大街と呼ばれた広大な空間は、皇城と非常に重要な四城門のひとつである南の明徳門とを結び、長安城の中心軸をなしていた。城内のすべての街路と同様に、それは土をつき固めたもので、街路樹が植えられていた（Heng 1999）。東西両市（いずれも市壁で囲まれた市場）は、大陸を横断する主要な交易ルートの終点であった。

長安城に暮らすということは、極めて厳格に管理された都市生活を送ることであった。王才強（Chye Kiang Heng）は、次のようにいきいきと記している。

長安城では、人々は……坊墻で囲まれた坊に暮らしたが、夜間は、坊門の鍵を管理し、夕暮れ後には坊内の治安維持にもあたった坊正によって閉ざされた。…… 病気や婚礼という通常とは異なる事情であれ、県の役人や坊正より通行証が下りなければ、だれも夜は大街路へ出ることが許されなかった。……坊の隅——すなわち、大街路の交差点——には、金吾衛の兵士が詰めている街鋪〈交番所〉が設置されていた。街鋪の規模により、［そこには］五〜三十名が配されたであろう。日没後、坊内での活動は［ほとんど］みられなかった。権徳与の詩には、「坊門の開閉に際して、千門が静まり返り」という一行が見出せる（1999, 23-24）。

六三六年の冬に始まった街鼓《がいこ》〈時を報ずる城内の鼓〉は、坊門の開閉を知らせるため、

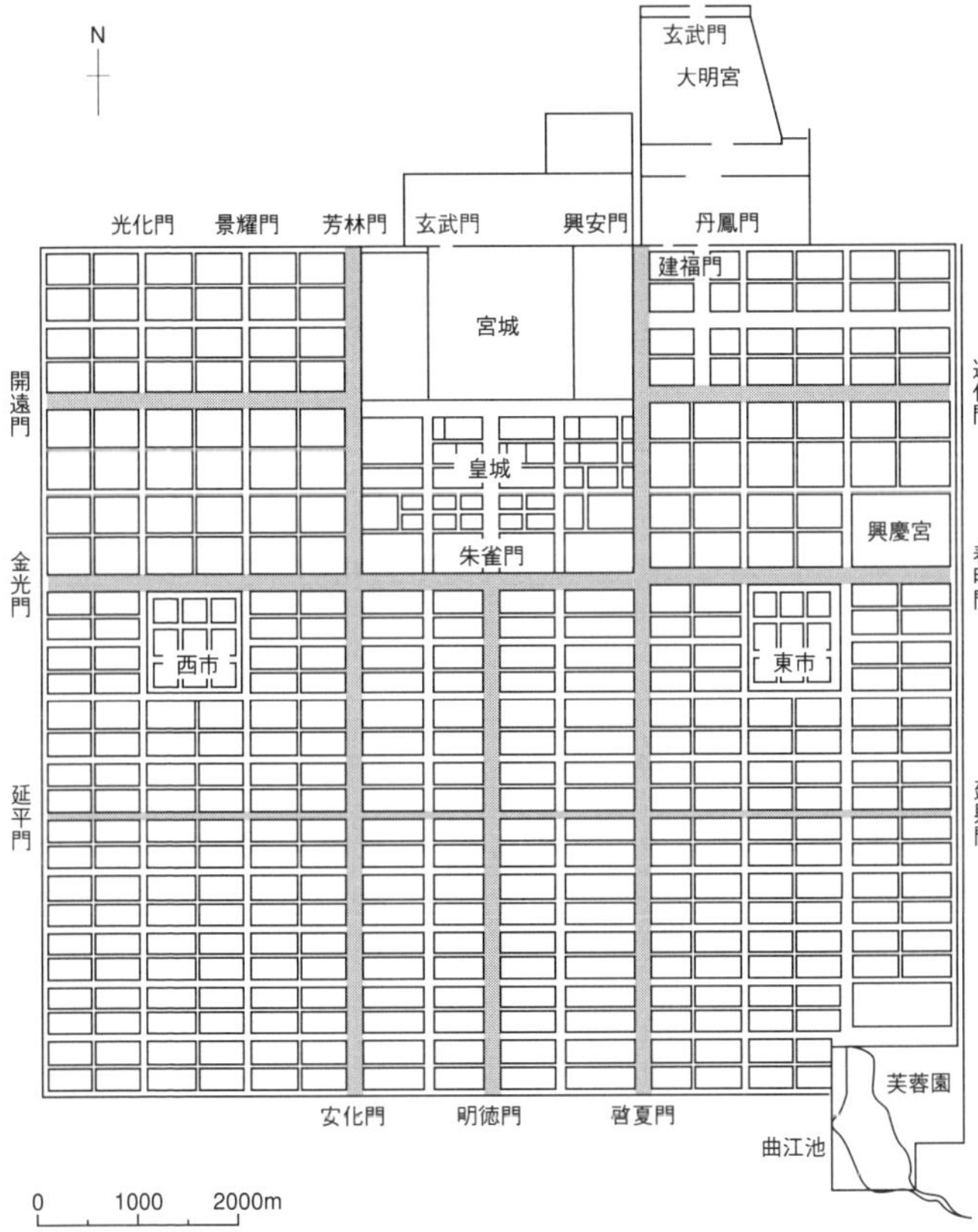

長安城とその「六街〈6本の主要大街路〉」

六街〈六本の主要大街路〉に設置された。新唐書の百官〈数多くの官員〉に関する記録によれば、「日没時、暮鼓が八〇〇回続けざまに打たれ、門が閉じられた。二更〈一夜を五等分し、その二番目となる時間〉からは、大街路の治安維持を担当する高官が配した騎兵が、黙々と巡邏した。五更〈季節によって異なるが、四時半~五時半頃〉には、いずれの場所でも聞き取れるようにすべての街鼓が打ち鳴らされ、それから坊や市のすべての門が開かれた」。そうした暁鼓は、開門までに三〇〇〇回打ち続けられ、都市の日常的リズムのなかで極めて重要であったにちがいない。六三六年までは、鼓の声ではなく、巡邏にあたった兵士が、その合図を大街路で叫んでいた(ibid.)。

唐の支配体制が弱体化すると、その厳格な都市秩序は瓦解し、しだいに新しいタイプの都市が形成された。王才強は、それを「開放的な都市」と称し、一二世紀初頭の、なだれ込む北方民族に略奪されるより少し前の北宋の都、開封を例に描き出している(Heng 1999, ch.4)。

開放的な都市の……出現は、非常に異なる都市形態の到来を示唆した。その新しい都市の中心部をみると、商店、酒場、飲食店、工房、演芸場、宗教施設、官庁、邸宅など、あらゆるものが軒を並べる街路が縦横に交差していた。城壁の外には、広大な郊外地区が、しばしば急速に発展した。城壁内に関しては、人口過密のため、建物は立て込まざるをえなかった。多層建築物が、よく見られるようになった。移動に制約がなく、商店や演芸場は、城壁の内側と外側の橋ならびに主要な陸上・水上ルートの要衝に集まり、瓦子〈盛り場〉を形成した。営業は、終日［終夜］なされた（205-6）。

長安は、壮麗ながらも、まさに絶えず防備が強化された軍隊の野営地のような様相であった。官に軽んじられた商業は、小農より下に位置づけられ、厳格に管理された。しかし、宋王朝では、禁中における文官の影響力が再び伸長した。その優勢は、間断をともないながらも、清王朝が倒れ、一九一二年一月一日に中華民国の建国が宣言されるまで続く。王才強は、次のように述べている。

隋の皇帝が進めた強硬で専制的な都の支配は、実務的な文官による文治政治に転換された。かつて、市壁で取り囲まれた市に厳しく規制され、一義的には官の消費のためになされた商業は、社会のあらゆるレベルに広がり、浸透した。宋代には、商税と都市税が、官にとっての主要な財源となった。商業統制の弛緩は、都市の規制緩和と密接な関連があった。侵街舎屋〈街路を不法占拠する建築物〉は課税されたが、容認された。宋代の合理主義は、ひとつの都市問題を財源に変え、新たな都市構造の出現を受け入れた（Heng 1999, 207）(註5)。

街の様子（北宋の都、開封）

後期中華帝国

中国で城は、皇帝の治世を通じて、中央の行政機関がおかれた都市であった。揺るぎない支配を明示するために、そうした都市は、概して壮大な城壁に取り囲まれていた(註6)。王朝の都のほかに、地方行政区域としては、省、府、県レベルが組織された(註7)。しかし必然的に、帝国とその人口が肥大化するにつれて、都市の諸基盤から日常生活の世俗的なことにいたるまで、実際に国家を統治する官の能力は低下した。ウィリアム・スキナー(William Skinner)は、領土と人口の増大にもかかわらず、中国における県の数は一、二〇〇〜一、五〇〇の幅での変動であり、ほぼ二〇〇〇年にわたり概ね一定であった事実に着目した第一級の学識者であった(1977, 21)。県の拡大する範囲、大規模な人口、そして旅することにともなう艱難辛苦は、官が末端の政務を管理する有効な手立てをもち合わせず、大部分は――非公式にではあるが――自主的な管理にとどまったことを意味した(註8)。スキナーは、唐王朝以降、官が末端の政務へ実際に立ち入る力は、恒常的に減退してきたとみている。

村レベルでは、親族・宗族が社会秩序をなす主要な力学であった。都市においては、商人や手工業者の同業団体、宗教団体、近隣団体、同郷団体の連合体として組織された地方のエリート集団が、紛争解決、治安維持、慈善、公衆衛生、都市インフラストラクチュアの整備、争乱時の義勇軍編成など、ガバナンスに関わる必要な手はずを整えた。宋王朝以降、とりわけ年代が下ると、末端レベルの市民社会がしっかりと組織され、一般の福祉に関する負担を肩代わりする用意ができていた。主要な公共事業や難儀な税の取立て以外、官は、都市、農村ともに、主としてそれぞれが独自に備えている仕組みにゆだねた。それは、見て見ぬふりをするような政治体制であった(註9)。

特に興味深いのは、生まれ育った土地をもとに組織された都市滞留者のさまざまな市民団体である。後期中華帝国(明・清王朝)を通じ、ほとんどの都市では、移動性の高い人々が人口の過半を占めた。都市に流入した人々の多くは、たとえ滞留するにしても、みずからの出生地や(より遠く離れた)祖先の出身地との関係をもち続けていた。スキナーによれば、「規範とされるパターンは、はっきりとしていた。立身出世を求めて巣立った青年は、結婚時に帰省するほか、どちらかの親が亡くなった際にも郷里で長期にわたり喪に服し、ゆくゆくは祖先が埋葬された地で身を退くことまで期待されていた。こうした望みに応えられなかったとしても、滞留者になるように生まれた息子は、その姓と合わせて父親の故郷を受け継いだ。……数世代に及ぶ時間のなかで、故郷はひとつの生得的特徴と見なされたにちがいない」(Skinner 1977d, 539)。他の土地へ移ることは、主として男性に与えられる優越的な処遇であり、後に残された家族に富と栄誉をもたらしてくれることを願い、家を離れて出世するように、家中の者によって男子が選ばれた。したがって、都市においては、女性に対する男性の比率がきわめて高かった（漢口では、女性一〇〇人に対して男性は二五〇人を超えるほど）。都市住民による移動性の高い人々（現代中国においては、「流民」と一般にとらえられた流動者）への後ろ向きの姿勢と不可分な滞留者と住民との仕分けは、現在にいたるまで息づき、しかも――後になってさらに――あらゆる適法性が未だに戸籍登記（〝戸口〟）制度に帰することの基礎となっている。近くの出身であっても、通例、滞留者は、市民としての十分な権利を与えられない「民族的」他者とみなされた（ibid., 544）。おおまかにはみな漢民族かもしれないが、滞留者の「理解しがたい」方言やなじみのない習慣によって、彼らは「劣ったもの」と特徴づけられた。

知的エリートについては、概してそれぞれの本邸が領土内のいたる所に散在していた。しかし、公務にあたることになれば、都市にて活発な生活を長年にわたり送ることになる。致仕〈退官〉をむかえると、そうした郷紳は、しばしば市場町、広大な所有地、あるいは祖先の村へ帰っていく。こうしたことをもとに、フレデリック・モート（Frederick Mote）は、中国史の大部分において、都市、農村文化を区別するようなことはほとんどなかったと論じている。「中国文明の農村的要素は、ほぼ一様であり、中国文明が浸透したあらゆる場所へと広がった。それは――すなわち都市ではなく――中国人の生き方を特徴づけた。さながら、中国の都市や鎮が宙に浮いた網状組織のようであった。……このたとえをさらに展開すると、中国の都市は、単に同一素材からなる結節で、そうした網状組織に付随する一部であり、質的により稠密であるが、それに基礎をおく異物ではない」(1977, 105)。モートは、中国に特有な農村・都市の連続体を論じている――そのより適当な言葉は、〝合一〟かもしれないが――(註10)。いずれにしても、二〇世紀初頭までに、五万人以上の都市圏に暮らしたのは、中国の人口のわずか六％であった(Elvin 1974, 3)。こうしたものでさえ、より深い社会学的な意味合いにて、どのように都市と呼びうるかは、少なくとも、さしあたり答えが出ないにちがいない。

帝国時代が終幕をむかえる頃、都市のアイデンティティが形成されはじめた。ウィリアム・ロウ(William T. Rowe 1989)は、一九世紀の漢口の歴史を見事に描き出すなかで、中国の都市の人々に高まる自己認識を示唆している(註11)。

中世後の西洋と同様に、際立った都市文化・意識が、後期中華帝国の大都市を特徴づけるようになってきた。たとえ中国の都市文化が、ヨーロッパと比較して、おそらくより多くの要素を農村の伝統とまさに共有し、さらには儒教の牧歌的思想が、西洋において歴然としていた自意識過剰な都市の優位性という感覚を和らげるように作用していたとしても、都市に暮らす人々は、みずからの特殊性に大いに気づいていた。中国では、ヨーロッパのように、コミュニケーション媒体の高度化や多様化が、都市と農村の暮らしを分かつことを促し、いずれの文明においても、それまでの口や目を通じた手段に加え、初期近代にみられる識字ならびに文字媒体の急速な伸びが、多分に都市的現象であった(62)。

都市の郷紳や大商人のこのように高まる都市志向は、ロウがいうコミュニティ組織の整備に具体的に現れた(註12)。ロウは、ことに都市には「連接型公共圏(articulated public sphere)」が存在したとさえ論じている(10)(註13)。一九世紀の後半、清王朝の衰微につれて、地方は大きく揺らいだ。盗賊や海賊が増加し、農村の飢餓は広範囲に及び、土地をもたない労働者(「浮浪者」)は都市へ流れついた。浮浪者のなかには、男性では、ごくわずかな労賃で夜警として働く者、物もらいや泥棒になる者、女性では売春に手を染める者がみられた。特に、すさまじい太平天国の動乱(一八五〇〜六四)後、都市は、貧窮に陥った地方から逃げ込む空間になりつつあった。この状況に対して、官は、漢口において、〝保甲〟制度の再整備を命じた。しかし、人々に嫌われるこうした社会管理制度を再施行するそれまでのあらゆる試みと同様に、それは不調に終わった(註14)。

主要な内陸都市だった一九世紀の漢口は、その頃、最初にイギリスが、そしてまもなく他のヨーロッパやアジアの列強(日本・ロシア)が、みずからのやり方で中国に対外貿易の開放を迫るなか、沿海都市が巻き込まれつつあった劇的なできごととは相対的に無縁であった。アヘン戦争は、一八四二年のよく知られた南京条約にて終結したが、当時中国は、イギリスへ香港島の割譲や、ヨーロッパの租界を視野に五港湾都市（広州、厦門《アモイ》、福州、寧波、上海）の開放を強いられた。こうして、ジェルネ（Gernet 1996, 581）のいう中国包囲網が始まった。七〇年後、いわゆる条約港の数は、北はハルビンから南は昆明まで、三二に増えた。しかし、こうした都市のなかでも「宝玉」は——後に中国で最も先進的な工業都市であり、最も国際的な都市へと変貌を遂げる——上海であった。上海は、この国が習うべき手本とされた。上海は、中国が近代性に徐々に目覚める中心地となり、まもなくその経験から学び、その流行をまねるため、すべての目が、濁った黄浦江に臨むその新進の大都市に注がれることになる（Wasserstrom 1999）。

内政の脆弱性、軍事的敗北、そしてビジョンの欠如のすべてが、中国の王朝時代の決定的な瓦解につながった。一九一一年末までに、皇帝の支配体制は、もはや有名無実となった。しかし、宣言がなされた中華民国は事実上、統治しうる状況になかった。それから三八年間、ますます分裂状態に陥った中国は、抗争を繰り広げる軍閥の戦場となった。一九三一年、日本軍は満州を席巻し、さらに上海ならびにかつて都がおかれた南京を含め、南へ戦線を拡大、中国の多くを占領する前に、満州に傀儡の皇帝を据え付けた。毛沢東の率いる紅軍は、蔣介石による名ばかりの国民政府と海外からの侵略者の両方と戦った。こうした混乱が続くなか、中国の都市における日々の暮らしは、とりわけ一九世紀の漢口にてすでに生活のひとつの注目すべき特色であった力強い都市の市民社会やガバナンスに関するインフォーマルな諸団体からして、苦闘続きであった。特に、一九二〇年代の急速に近代化する北京において、普通の生活といったものを維持するための闘いを生々しく記述しているのは、デビッド・ストランド（David Strand）の *Rickshaw Beijing*〈人力車の北京〉であり、都市のインフォーマルな政治学をおもに論じている（Strand 1989）。ロウやストランドの論考のように、都市全体を扱った研究は、中国を容赦なく近代へ押し動かしていた広範な歴史的力学の理解に求められる実証的な裏付けを提供してきた（註15）。

革命的共産主義のもとでの中国統一

一九四九年、中華人民共和国の成立が宣言された。首都を北京に、中国は再び統一されたが、対外的にはまもなく国境が閉ざされた。農民を主体とする国において、その革命は農民主導でなされたと言えよう。しかしいったん秩序が回復すると、この新たな体制は、中央集権的に計画された「強行軍」の工業化を歩みはじめた。中国は、資本主義社会にて一般に理解されていたような意味合いでの「発展」はしなかった。通貨は、市場経済においては重要な交換手段であるが、そのようにはならなかった。計画はソビエト式で、「物財バランス」システムを通じてなされていく。基本ニーズは、集団的に手当てされることになる。都市は、退廃的な消費の場として残存するよりも、むしろ生産のエンジンへと転換された。そして、こうしたことが一貫して海外からの投資に依らずになされるため、大部分が農村であった国においては、農業部門から捻出されねばならない国内貯蓄率が高水準であることが求められた。

こうした緊急課題は、新体制の政策の多くに反映された。一九五〇年代後半に実施された農村の人民公社制度は、諸資源が都市をベースとする工業化へ流れるようにした。そして、社会的基盤はぎりぎりまで切り詰められ、都市化は——特に大都市にて——抑制された。大規模な工業や、大学のように国家が事業展開する機関には、工作単位（〝単位〟）がおかれ、生産を軸に構成された何かミニ城郭都市のようであった。そして最後に、農村労働者の潜在的な都市への流入は、厳格に規制されるようになった。

一九四九年以降の都市化の推移を概観することは、実際に生じたことや、それがいかに成し遂げられたのかを理解するうえで役立つかもしれない(註16)。新中国の成立後、早い時期には、かなりの規模の都市への人口流入が見られた。一九四九年から一九六〇年に、都市化率は一〇・一％から一九・七％へとほぼ二倍になった。一九六〇年には、一億三、一〇〇万人が都市住民として登録された。その後、都市化を逆転させる緊張に満ちた時期が続き、一九七〇年代初頭には、都市化率が一七・三％前後に抑えられた。しかし、絶対数において都市人口は増え続けた。改革が開始されてまもない一九八二年、二三九の都市ならびに二、八一九の建制〈一定の設置基準をみたした〉鎮に暮らす人々は二億一、五〇〇万人（二一・一%）に達し、その後、急速に伸び続けていく（註17）。

陳金永（Kam Wing Chan 1994）は、工業生産の伸びを最大化するために、都市化のプロセスを抑制し、その費用を低く維持するのに役立った主たる政策的取組みについて、簡潔に論じている。

(1) 人々の居住をその出生地に限定する戸籍登記（〝戸口〟）制度の整備が、一九五五年に指示された。そして、人々は農業戸籍と非農業戸籍に二分された。概して、農業戸籍の契約工が都市で働くことや、非農業戸籍の幹部が農村で職務にあたることもありえた。いずれにしても、〝戸口〟は、特権を与えられるかの根拠となった。非農業〝戸口〟所持者であれば、手厚い補助がなされた食糧、住宅、教育を与えられたが、これは自活を想定されている農業〝戸口〟所持者には手にすることができない特権であった。労働者が国家によって配置され（労働市場が存在せず）、必需品（食糧、宿舎、消費生活用品）が配給され、各種切符が常住地でのみ引き換えられる社会において、〝戸口〟制度は、都市への人口移動を止めるひとつの効果的な手段であった（註18）。そして、この制度は、特権を享受する都市住民と十分な権利のない農村住民という二階層社会を形成した。当時を風刺したよく知られたものに、都市へ移り住むことは、「天にまで駆け上る」みたいなものだったという言い方があった（ibid., 77）[註19]。

(2) それにしても、おおよそ工業部門の勤め口（しかも急速に拡大していたそれら）は、都市にあった。国有企業は、その結果生じる労働者不足への対応策として、臨時工を採用するため、人民公社と労働契約を結ぶことが許された。都市住民に与えられた特権が手に入らないそうした労働者は、契約期間終了後、出生地へ帰ることが想定されていた。それにもかかわらず、農村〝戸口〟の臨時工を「囲い込む」策にでても、ほんのわずかな集団的支給（住宅や育児など）を求められたにすぎなかった生産管理者の黙許のもと、多くの人々が、滞在期間を延長することができた。

(3) 一九五七年に始まり、文化大革命の一〇年間を通じてなされた施策により、何百万もの都市住民が農村へ送られた。そのような人々には、失業者や社会的に望ましくない分子（浮浪者、知識人、元地主など）のほか、都市において適当な雇用機会を得られず、農民に読み書きの基礎を教える――農民からは中国の農村・辺境地域での厳しい生活を学ぶ――ように、農村へ送り込まれた中学・高校の卒業生もいた。一九六〇年代初頭には、二、〇〇〇万人を超える都市住民が、経済的な理由から、農村へ返された。このほか、三、〇〇〇万人が、一九六六年から一九七六年までの文化大革命の一〇年間に「下放」された（ibid., 78）[註20]。

(4) 都市化の費用を回避し、同時に農村所得を増加させるひとつの方策は、人民公社や生産大隊の集団的管理のもと、農村部で工業を振興することであった。これは、大いにもてはやされたプログラムであり、一九七八年までに、中国の工業総労働力人口の約二八％（一、七〇〇万人）は、集団的管理による農村工業に携わっていた。毛沢東思想が中軸をなした時代、そうした社隊企業に従事するすべての人々は、国民所得勘定において「農業」に区分され、したがって、都市の優越的な権利を得る資格はなかった（ibid., 81）(註21)。

(5) 新たな住宅建設は、まさに最小限に止められた。一九二の都市を対象にしたある調査によると、一九五〇年から一九七八年に、ひとりあたりの床面積が四・五から三・六平方メートルへと二〇％減少していた（ibid., 73）。さらに、建築工事の質に関しては、概して粗悪で、維持管理も不十分であった。

(6) また、都市人口は、一九六〇年代初頭に都市部で最初に導入され、後に、民族「自治」地域を除き農村部でも推進されたひとりっ子政策による歯止めで抑制された。「その成果」については、陳金永が記しているが、「女性の労働参加の急増や、都市の住宅事情の悪化によって大いに促進され、確かに有意であった。都市の合計特殊出生率は、一九五〇年代半ばから六〇年代初頭の概ね五ないし六から、一九七〇年代半ば以降は一・五という目を見張る水準にまで低下した」（ibid., 80）。

それでは、こうした政策のすべてを前提にした新たな社会主義の都市とは、どのようなものであったのか。すでに、私たちはいくつもの数字をみてきた。単位都市人口あたりの工業の純物的生産においては、他の工業国——いずれも市場経済——での経験に反して、毛沢東思想が中軸をなした中国は、七倍もの増加を達成した（ibid., 83）。ただ、それと同時に都市も新たなかたちを現した。高貝貝（Piper Rae Gaubatz 1995）は、それを次のように論じている。

一九四九年以降、中国の工作単位によって建設された多機能を有するその構内は、中国のいにしえの伝統的な都市の坊墻で囲まれた坊をいささか想起させる塀をめぐらせた領域である。……そうした工作単位の構内は、居住者に仕事、娯楽、家庭生活、近所付合いの空間を提供するミニ都市のようであった。単位構内の高度に管理された環境には、警備されている門より入場することになる。……その構内には、実用的で厳格に統制された建築様式が見出せる。生産施設と居住施設は、通常、別棟にされる。整然と並ぶ住棟は、一般に三階ないし五階の煉瓦造もしくはコンクリート造の建築物である。……住棟間の共用空間は、駐輪場、子供の遊び場、バレーボールや他の運動競技のための憩いの場、緑地として利用される。塀で取り囲まれた構内の他の施設としては、さまざまであるが、すべて整っていれば、食堂、売店、医療施設、娯楽施設、会議室、管理事務所なども加わる。このように、工作単位の構内は、生活の諸側面を組織化する場として機能している。……

高等教育関連の工作単位（〝単位〟）の住宅と高校のキャンパス
（1990 年代半ば、北京）

居民委員会も、時に工作単位のように機能した。それは、小規模な作業場やその他の近隣労働者を組織することにより、都市内における長距離移動の必要性を抑え込んだ。……

このようにして、社会的、空間的な編成理念が、確かに差異のない社会的、機能的なランドスケープを形成していった。……低価格、低層建築が選好されたことにもともない、これは、一般化された機能的組織、低層の標準化されたランドスケープ、そして徒歩を軸にした都市規模への固執という、三つの顕著な特色をそなえた都市環境の発展をもたらした（29-32）。

毛沢東思想に根ざした都市をこのように描き出したが、さまざまな理由により、決して十二分に達成されることがなかったひとつの究極的な目標について、結びの論考を添えておきたい。毛沢東思想が中軸をなす体制は、「資本主義」都市——すなわち、消費都市——を生産都市へ転換することに傾注した。都市はしたがって、必然的に官によって中央集権的な管理がなされる生産最大化のための装置となった。ほぼすべての健常者は就業し（都市の就労率は、じつに八二％に達し）、娯楽活動さえ、そのほとんどが集団で計画された。その結果、先の中華民国時代、さらにはすでに考察したように清王朝の時期でさえきわめて活発であった市民社会は、勢いづく機会をまったく失ってしまった。路線の裂け目を突破したところは、総力をあげて、しかもしばしば敵対的に抑え込まれた。中国の一般市民は、王朝の支配をやっとのことで切り抜けてきたが、帝国時代には想定しえなかったであろう方法で、国家の受動的な人民に位置づけられてしまった。このような状況のもとでは、自律的な市民生活は、想像も及ばぬことであった(註22)。

一九七六年に毛沢東が死去した後、後継をめぐる権力闘争が三年間続き、鄧小平に軍配があがった。それに続く数十年は、改革の時代として知られるようになった。中国は外の世界へむかって国境を開放し、徐々に市場経済を導入したことで、暮らしが一変しはじめた。同時に、西側の研究者(人類学、社会学、歴史学、地理学、中国学、政治学などの専門家)が、かつての中華帝国で何が起きていたのかを調査するために大挙して押しかけはじめた。次章からは、中国の都市への変貌を総合的に描き出すため、そうした文献のいくつかを入念に選択しながら、批判的に考察していく。

都市の視点から

ごく最近まで、中国は、都市の際立った暮らし方が差し障りなく黙殺されてもよいというか、より正確には、都市生活が本質的に農村の暮らしと融合していた、一種の農村社会として描かれることが通例であった(Mote 1977; Faure and Liu 2002)。このような歴史学方法論は、今や、都市生活に関する英語文献が急速に増えるなかで変化しつつある。この点については、主としてウィリアム・スキナーの先駆的な作業に負うところが大きく、その編著 *The City in Late Imperial China*〈後期中華帝国における都市〉は、新時代を切り開いた研究である（Skinner, ed., 1977）。同書の前後の見返しには、一八九四年時点の中国の都市が示されている。それらには都市的な場が隙間もないほどに広がる様子が描かれているが、中国をこうした都市的なるものの高密度なネットワークという観点から考察すれば、あたかもこの国に対する見方がどのように変わりうるかを問いかけているようである。ヨーロッパの場合、都市をベースにした遥か古代ギリシアにまでさかのぼる歴史の解釈に慣れ親しんでいる。だが、ジャック・ジェルネが喚起するように、一八三〇年にいたっても、都市に暮らす人々は、ヨーロッパの人口の二〇％未満であった。その当時、ヨーロッパはまだ小作農からなる地域であり、中国に比してごくわずかに都市化しているにすぎなかった（Gernet 1996, 544）。しかも、たとえそうであっても、都市が注視された（Braudel 1992）。

都市的なるものへの観点のそうした転換は、「半分も入っている／半分しか入っていないコップ」の問題以上のものであると考える。王朝史の視角から中国を見るだけでは、十分ではない――そこでは、都市はもっぱら付随的に、しかも官の中核都市としてのみ姿を現す――。都市ヒエラルキーのいわば二重らせん形のような物的空間も、理解するように努めるべきであろう。撚り糸のひとつは、都から一、五〇〇ほどの県城へと下っていく政治的な体系である。もう一方は、長距離陸上・海上幹線ルートに沿った主要な商業センターから地域・末端レベルの市場へといたる経済的な系統である。こうしたふたつのヒエラルキーは部分的に重なり合うが、歴史的には、漢口のように官の支配拠点ではなかった大商業都市や、政治的な重要性が商業都市としての経済的な機能を陰らせた官の支配拠点を見出せる。

次章では、地域が群島を形成するような後期中華帝国から考察する。これは、主要幹線が河川や運河であった前工業社会にもっともな配列と思われる。しかし、中国は、その長い歴史のかなりにわたり、政治的に統合された帝国であり、都市を取り囲む壮麗な城壁が、人々に官の存在を意識させた。洪水、政治的混乱の際には、周縁部の農村から来た人々が、こうした防御壁内に避難場所を探し求めた。より平穏な時には、彼らは都市へ商売にやってきた。しだいに、いくつかの都市は地域を他の地域やさらに大きな外の世界と結びつける大商業中心地として頭角を現した。

中国の都市に関する本章での歴史的な概観には、中国史を、都市をベースとする歴史としてとらえなおせるかもしれないという可能性に注意を喚起することが意図されている。デビッド・ストランドが記しているように、「二〇世紀末、［さまざまなできごとが］都市生活の場を物事の中心に立ち返らせてきた。……毛沢東思想が中軸をなす体制は、その農村偏重、反都市のレトリックのすべてについて、基本的には、やはり都市に主軸があったとさえ論じられるかもしれない」(Strand 1999, 223)。この再評価には、まずは、中国の農村を——すなわちその慣習や伝統、社会運動、都市を成り立たせている機能を——、軽視することも、否定することもしないことが求められる。むしろ、農村と都市を、相互に構成要素であるとする考え方を学ぶべきである。中国における都市文化が、歴史的にその周縁部の農村文化と大きく異なってはいなかったとのフレデリック・モートの論点は、かなり的確であるかもしれない。しかし、それは農村の暮らしの管理、ならびに中華帝国という実体の形成——その担い手は都市に居住——の両面において、都市の政治的、経済的機能を看過している。中国の広大な領土における政治的、経済的空間は、いずれもこうした農村・都市の力学によって生み出されたものであった。

第二章
地域政策

中国の都市システムは、その地域レベルのコンテクストにおいてのみ適切に理解されうる。これは、ウィリアム・スキナーの中国都市史に関する数多くの優れた考え方のひとつであった。彼は中国を、地域がたがいに緩くつながっているだけの群島のようにとらえていた。「中国の都市研究をはじめて、かなり早い時期に」、次のように述べている。

後期中華帝国では、「いくつもの地域が」ひとつに統合された都市システムを構成するのではなく、それぞれの地域システムを形成し、隣接する地域とは弱々しい関係であったことが明らかになった。これらの地域システムのそれぞれについて、都市後背地の重なりを地図におとすなかで、それらが接合して浮かび上がった部分は、例外はあるが、地形単位と合致していることに気づいた。要するに、都市の各システムは、自然地理学的な地域のなかで発展したようである。しだいに、……都市開発を地域開発——経済的、政治的のみならず、社会的、文化的にも、ありとあらゆる地域の資源がより効果的に加増、展開され、ますます効率的に利用されたプロセス——の極めて重要な要素として考えるようになった（Skinner 1977b, 211）。

スキナーはその注目すべき研究にて、主として分水界をもとにした九大地域を見出した。しかし地域間の商業活動で実際に障害となったのは、こうした地域の物理的な境界（河川、山脈、砂漠）ではなく、各地域の中核をなす都市のサブシステムに、周縁部——事実上の市場圏——を画定する一連の重なり合った背域を生じさせた高い取引費用であった。

地域を超えた中核的都市間の取引は、機械化されていない運搬手段の、しかも遠距離にともなう高い費用により、最小限に抑えられた。役畜の背に穀類を載せて三二〇キロメートル運ぶには、そもそもその生産に要するほどの費用がかかり、石炭であれば、それは四〇キロメートル未満であった。このような桁の運搬費ゆえに、事実上、低価格でかさばる商品は地域間の取引から除外された。……運送効率の系統的差異は、商業のみならず、政・官の活動、人々の交わりにも影響し、地域間の交流は、すべての領域において低調であったことは、重要視されるべきであろう（Skinner 1977b, 217）。

ランドスケープの物理的な特徴やそれらの経済的な含意に根ざした、中国の都市にみられるそうした地域性は、民族性、言語、歴史といった文化的要素によって強化された。何世紀にもわたり、皇帝の統治は、二〇世紀に入っても続く階層構造化された単一の国家システムに、そのような地域を結合することに成功してきた。帝国は時に、反目し合う国々へと引き裂かれたが、常に最後は再統一がなされた。清が倒れた後、中国が再度統一されるには、ほぼ四〇年を要した。今日、幹線道路、新たな鉄道路線、空港、電子通信システムの大規模な建設が、その最果ての地までを結び、中国の空間経済はしだいにより統合されつつある。それでも地域的な特徴は、引き続きこの国の政治を形づくるひとつの活力である（Rong et al. 1997）。

本章では、改革の時代における地域政策の役割、そしてその成果のいくつかについて考察を進める。ただし、それに不可欠な背景をおさえるために、まずは毛沢東思想が中軸をなすなかでの地域政策をふりかえる。

「三線建設」

革命的共産主義である毛沢東思想が中軸をなす体制においては、厳密には、従来論じられてきたような意味合いでの地域政策が一度も採用されなかった（註1）。第一章にて論じたように、この体制は、農村から都市への人口移動を食い止めようとはしたが、主たる政策は、工業化（特に重工業の発展）による統一された中国の強化、そして毛沢東が描く理想像に合った平等主義に立脚する社会の建設をめざしていた。その大事業は、経済成長や分配問題に主眼をおく、一般に理解されているような「発展の達成」というものではなく、「社会主義社会の建設」であった。さらに、軍事的考慮が、潜在的な事項ではなく、より差し迫った課題であった。核戦争や海外（特にアメリカ）からの攻撃の恐れ、そして台湾を砦に、みずからを中国の正統な統治者と位置づけている、敗れた国民党政権による侵攻の持続的な脅威が存在した。このような危機感は、基幹産業を中国西部に「隠滅」させることになる、いわゆる三線建設に論理的根拠を与えた。一九六〇年に中国とソ連との関係に軋轢が生じた後は、新たな脅威がソ連と接する中国の長い国境周辺で顕在化してきた。国防部長の林彪は、「山間部に、分散し、洞穴のなかに」工業基地の建設を促すにあたり、それを明確に打ち出した（Yang 1997, 19; Wei 2000, 133-37）。一九六六〜七〇年、こうした中央指導下の取組みにより、国家投資総額に占める内陸部の割合は、七〇％を上回るほどに突出した。文化大革命の大混乱や本質的には防衛戦略であったものを実施する際の大変な効率の悪さにもかかわらず、三線建設は、一九七〇年代に入っても続いた。

毛沢東が統治した数十年間、中国は、依然としてまさしく地域ごとの経済が緩やかに集まったように描写されて差し支えなかった。こうした地理的な現実にしたがって、また国防の一環として、その政策は、食糧やその他の基本的な財について各地域の自力更生を促すことであった。中国が独力で歩むとなれば、それぞれの地域もそうすることができた。人口規模において、いくつかの地域は、ヨーロッパ最大の国々にさえ匹敵、もしくはそれらを凌駕するほどであった。各地域の自力更生により、輸送インフラストラクチュアは切り詰められたかもしれないが、かなりの重複生産も誘発された。だが、革命的共産主義にとって、効率性は決して主たる関心事項ではなかった。そもそも毛沢東が地域政策を有していたとしても、それは、一義的には効率性や地域レベルの公平性とは異なる理由のためであった。

梯子理論――一部を先に豊かにさせる

一九七八年、改革派政権の始動にともない、これらの政策のすべてが事実上覆された。政府は代替策として、沿海部の都市を特別に処遇する「先富論」を採用した。第七次五ヵ年計画(一九八六~九〇)では、地域開発の目的が、「沿海部の発展の加速、中部でのエネルギー・資源開発の重視、そして西部のさらなる開発にむけた積極的な準備」であると明示された(Yang 1997, 29)。かくして、カエサルのガリアのように、中国は省境に依拠しながら三区分された。こうした大まかな地域区分をもとに、新しい梯子理論〈海外の先進技術を沿海部で吸収し、中・西部へ波及させる考え〉が熱心に議論された。地域戦略に関する、類似の概してアカデミックな論争は、一九六〇年代、西側諸国においてもさかんであった。初期の好条件がより強化されるべきか、それとも空間的にバランスのとれた発展に照準を合せるべきか。いずれにしても、こうした課題は成長の衝撃が初めの「中心地域」(主要な成長拠点)から、それぞれの周辺部へとどうにか広まっていくことを期待し、初期の好条件を支持するかたちで解かれた(Friedmann and Weaver 1979, pt.2)。社会主義市場経済へと着実に歩みを進める中国では、かつての毛沢東思想に根ざした諸政策(特に各地域の自力更生策)が、同じく廃棄された。中国のWTO(世界貿易機関)への加盟を

沿海部
中部
西部
ソビエト連邦
モンゴル
黒竜江省
吉林省
内モンゴル自治区
遼寧省
朝鮮民主主義人民共和国
新疆ウイグル自治区
甘粛省
北京市
天津市
河北省
大韓民国
寧夏回族自治区
山西省
山東省
青海省
江蘇省
陝西省
河南省
安徽省
上海市
チベット自治区
四川省
湖北省
浙江省
ネパール
江西省
湖南省
福建省
ブータン
貴州省
台湾
インド
雲南省
広西チワン族自治区
広東省
香港
ビルマ
ベトナム
バングラデシュ
ラオス
0 200マイル
0 200キロ

梯子理論（1986 年）

視野に、生産効率が新たな標語となりつつあり（実際には、雇用の目標とバランスさせなければならないであろうが）、その全般的な方向性は、地域の相互依存にもとづいた、より統合された国家全体としての空間経済であった（註2）。

鄧小平のもとでの、ひとつの重大な政策転換は、海外投資への門戸開放であった。農業は、もはや主たる国民貯蓄の源泉ではなくなっていた。いずれにせよ、初めに中国へ外資を引き入れなければならず、当初は沿海部に限られたが、まもなくほぼ全国にわたる数多くの潜在的な「成長拠点」の指定へと結びついた。国務院が認可する入念に格付けされた自主権を反映し、それらは、経済開放区（珠江デルタなど）、経済特区（深圳など）、保税区、経済技術開発区、沿海開放都市、沿江開放都市、沿境開放地域、省都開放都市、ハイテク・新技術産業開発区、国家観光区など、総数四二四拠点におよび、さまざまな装いをまとった（Yang 1997, table 2.4）。さらに北京、上海、天津の三市については、中央直轄市として省レベルに格付けされていた（これらに次いで、大幅に拡張された重慶市が、四川省の経済的な「成長拠点」としての役割を担う第四番目の中央直轄市に加えられた）。こうした特別扱いを含む中央の統治は、中国全土にくまなく新たな競争的環境を創出した（Wei 2000, ch. 3）。中央政府は、省、市、鎮、村へ慎重に練り上げられた権限移譲を進め、また三峡ダムのように、いくつかの重要な建設事業をみずから展開してきた。それ以外は、外からの資本フローの「舵取り」になしうることはほとんどなかった。カーン＆リスキン

（Khan and Riskin 2001, 148）が論じているように、中国の財政システムの漸進的な地方分権にともない、北京の予算資源は、対GDPの比率において世界で最も低い水準になる。この国の発展は、ローカル・レベルのリーダーや企業家の創意に大いに依らなければならないことになる（L. White 1998a）。国務院の政策は、ほとんどが、末端レベルでの開発の大まかな指針ととらえられた。

期待通りに、いわゆる梯子理論の遂行にともない、経済成長の空間パターンに極めて大きな変化が生じた。沿海部の一部分（特に、経済改革下の中国における新たな二つの「中心地域」となった珠江デルタならびに長江デルタ）は、じつに目を見張る発展を遂げた。しかし、ほとんどすべての人々がある程度まで進展を得られたとしても、まったく同じ歩調というわけではなかった。経済改革にともない、事業再編や国有企業の閉鎖、その結果として生じる大量の一時帰休など、数多くの他の変化が生じていたほぼすべての省より、時を同じくして特別扱いを求める声に、中央政府は急き立てられていた。そうしたことから、高まる社会不安についての協議がかなりなされた。第九次五ヵ年計画（一九九六〜二〇〇〇）では、中・西部へのさらなる配慮や農村部での貧困対策の必要性が早くもほのめかされはじめた（Fan 1997, 631; Yang 1997, 95-97）。二〇〇〇年が迫るにつれて、重点を内陸部へ一段と移す姿勢が示された（註3）。

地域を結びつける――ひとつに統合された全国的な市場へ

ある意味で、こうした中・西部に配慮する姿勢への転換は、交通・通信分野の巨大事業を通じ、中国がますます統合されていることを映し出している。緩やかではあるが確実に、地域が群島を形成するような状況は、打ち砕かれつつある。インフラストラクチュア事業についての簡潔かつ包括的な論考としては、中国の新しい空間経済に関するゴドフリー・リンゲ（Godfrey Linge）の優れた編著があげられよう（Linge 1997）(註4)。"Linking the Regions"〈地域を連結する〉という表題の論文で、栄朝和（Chao-he Rong）他は、効率的な全国交通・通信システムを発展させる非常に大規模な取組みを概観している（Rong et al. 1997）。この研究グループは、スキナーのマクロ地域にしたがって、分析をはじめている。

中国の空間経済は、緩やかに結びつけられた機能的なマクロ地域から構成される。これらに重なるのが、石炭、石油、食糧の極めて大きな南北軸のフロー、原材料、製品（輸出入を含む）の東西軸のフロー、そして農村・都市間の特に人々の移動といった非常に顕著な一連の結びつきである。……通信分野の整備は、空間的相互作用を深化させ、また航空旅客の伸びは、より多くの人々にみずからの国の多様性や複雑性

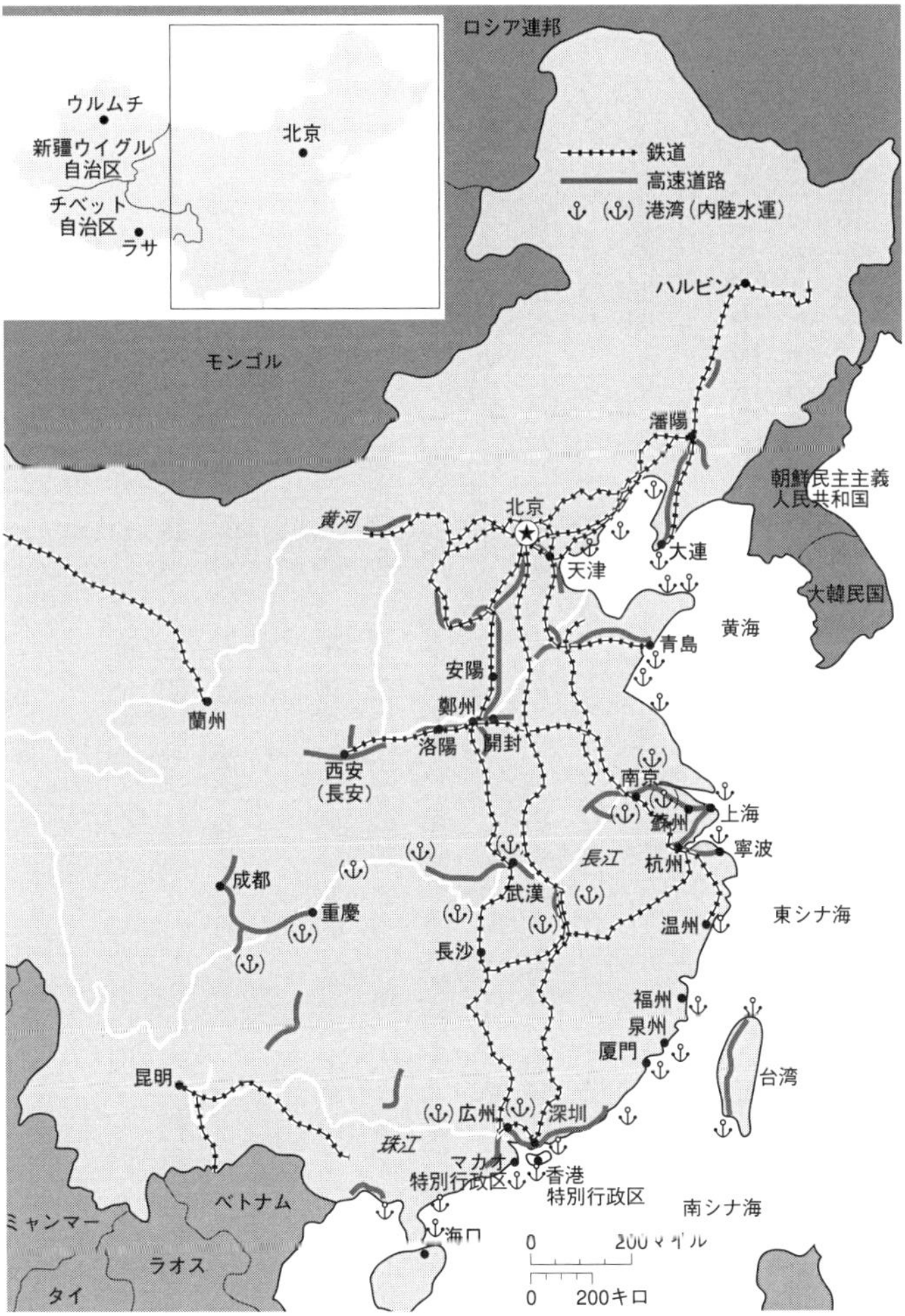

中国の主要交通網（2000 年）

の体験を可能にしてきた（Rong et al. 1997, 46）。

インフラストラクチュア整備ならびに空間的統合へのインパクトに関するいくつかの事例は、すさまじい取組みが求められたことを明示している。たとえば、栄朝和他が光ファイバー網や通信衛星に関して論じていることは、次の通りである。

光ファイバー網の拡張は、一九九〇年代の初めに国家的な重点事業に位置づけられた。そして、すべての省都を結ぶ二二の全国主要幹線からなる一大システムの整備に向け、毎年およそ八、〇〇〇キロメートルの敷設を進める郵電部を人民解放軍が支えるかたちで、一九九四年半ばまでに、四万五、八〇〇キロメートルのケーブルが設置された。郵電部は、二〇〇〇年までにさらに一六の全国主要幹線が整備されるであろうと示唆してきた。……中国は、毎年、アメリカのほぼ二倍に及ぶ光ファイバー・ケーブルの敷設を展開しているところである（55）。

一九八三年より、中国国内では全国・省レベルのテレビ番組の放送に衛星が利用されている。全国ニュースや他の番組での標準語の使用は、国内にみられた長年の言語、民族、その他の障壁の一部を、徐々に打ち砕くのに役立っている（57）。

しかし、効率的な国内市場を発展させるうえで最大の課題は陸上交通である。一九八〇年代後半、中央政府は、最終的には人口一〇〇万人を超えるすべての都市ならびに五〇～一〇〇万人の都市の九八％を結ぶ、全国主要幹線道路システム（三万六、〇〇〇キロメートルを上回る高速道路網）の建設計画を発表した（Ho and Lin 2004, 93）。二〇〇〇年末までにこの全国道路システムの半分は整備された。さらに、中国の鉄道輸送力についても極めて不十分な状況が続いているが、これは石炭、建築資材、その他の原材料貨物の輸送に高い優先順位が与えられていることにもよる。栄朝和他は、次のように指摘している。

非優先貨物に振り向けられるスペースには、何週間も前から予約を求められ、しかも託送品が送り先に到着する日時については、まったく見通しが立たないため、輸送中の在庫資産が自由にならず、「ジャスト・イン・タイム」生産方式を不可能にしている。鉄道網のハブの約三分の一は飽和状態であり、一九八〇年代初頭以来、深刻な「隘路」は倍増、なおかつ列車の待避地点が不足していることが、さらに運行上の制約となっている。

道路は、一般に自動車交通が歩行者、自転車、荷車、トラクターと狭隘な舗道を分かち合わなければならない状況で、十分な整備がなされていない。一二〇万キロメートルに及ぶ道路の九〇％は「舗装済み」とされるが、じつにわずか四％が一日二、〇〇〇台に対処できているにすぎない。全国的な幹線道路システムは、整備されつつある。すでに開通（一九九五年末までに二、一四〇キロメートル）もしくは建設中の主要拠点を結ぶ区間の多車線高速道路は、ゆくゆくは四本の基幹ルート［南北に延びる二本、東西に二本］の一部を形成するであろう（1997, 59-60）。

新たな中国経済の二大中心地域においては、そうした条件はかなり良い。ひとつは、上海、南通、南京、杭州、寧波を含む長江下流域である（註5）。ふたつめは、これよりさらに考察をすすめようとする中国の「絶えず変化するランドスケープ」のひとつ、珠江デルタである（註6）。

珠江デルタ——絶えず変化するランドスケープ

珠江デルタ経済開放区は、広東省の一地域である。それは、省都の広州に加えて、深圳と珠海のふたつの経済特区、いわゆる主要六市、県レベルの一六市、農村の三県をかかえており、それぞれ、自主権には確かに微妙な差異がある。しかし、まったくの経済的な観点からは、この開発地域は、広州と香港特別行政区を結ぶ往来が激しい回廊と、それほどではないが、その省都と珠海経済特区、マカオ特別行政区をつなぐ回廊より構成されている（註7）。全体として、このデルタ地域の人口は、（七、〇〇〇万人近い広東省の人口のうち）およそ二、〇〇〇万人であるが、特別行政区という位置づけにかかわらず、香港の七〇〇万人とさらにマカオの一〇〇万人ほどを加えなければならない。したがって、総計は三、〇〇〇万人に近くになり、現在、ひとりあたり所得では中国でも最高水準を享受している人々である。上海・長江下流域が急速に追いつきつつあるが、珠江デルタは、中国経済の原動力であり、その最も発展した地域であり続けている。

珠江デルタは、一九八〇年代初頭、ひとつの経済開放区に掲げられた。中央政府との長い交渉の末、広東省は北京へ毎年一〇億元の固

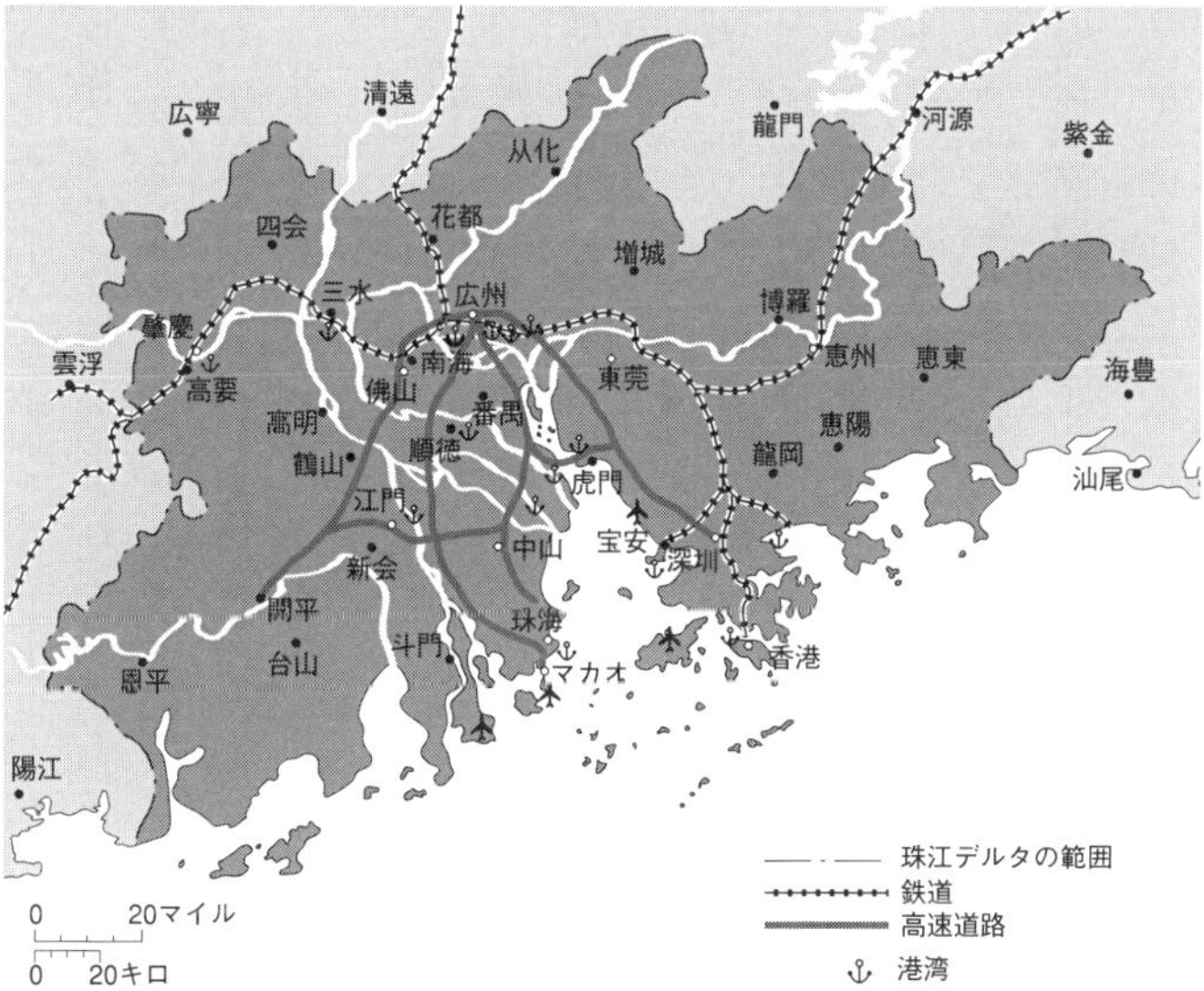

珠江デルタの都市システム

定額を上納した後、その剰余収入のすべてを保持しうる取引をまとめた。しかも、これもかなりの議論の後、深圳経済特区が（珠海、そして広東省の珠江デルタのちょうど外側に位置するもうひとつの汕頭経済特区とともに）香港に近接して設置されていた。当時まだイギリス領植民地であったところから、資本を引きつけ、自由市場の奥深さを学び、さらには西側からの新技術の移転を促すことが意図されていた。

一〇年に及ぶ文化大革命の後、中国経済は、一九四九年以来、最悪の状況にあった。人々のやる気は消え失せ、生産は振るわず、棚には何もなかった。エズラ・ヴォーゲル（Ezra Vogel）は、そうした様子を、見事に描き出している。

消費材の工場生産はなおざりにされた。なぜなら基盤的な生産材の需要を満たすことに優先順位が置かれていたからである。多くの商店の棚が空のままになっていたが、これは広東随一の規模と質を誇るデパート、南方デパートでさえ例外ではなかった。文革後に消費材の数が増加しはじめたころ、その品質はもっとも単純な製品ですら、ようやく最低限度を保つ程度だった。電球はついたり消えたりし、衣類品は破けており、食器には欠け目があり、魔法瓶は漏れてしまうといった具合いだった。

生産だけが沈滞し、時には停止していたのではない。経済のシステム自体が、ある程度の地域間交易と分業の体系から、より素朴な自給自足の状態へと後退してしまった。これは東アジアの他の経済圏とは正反対であったといえよう。それら東アジアの諸国では、同時期に大きく「離陸」を達成しており、中国が外部世界に再び門戸を開いたときには、一段と劇的な飛躍を遂げていたのである（Vogel 1989, 30-31）。〈日本語訳、『中国の実験』中嶋嶺雄監訳 1991, 53. 日本経済新聞社〉

一般の民衆には、発展、より良い暮らし、政治的安定、イデオロギーに駆り立てられた組織的活動や厳格に管理された日常生活の終結への渇望がみられた。これらの広範に共有された強い願望は、珠江デルタにて改革を進め、工業化へ邁進する際の力となった（註8）。

香港の企業家は時をとらえ、新たに開放され、熱心に受け入れている珠江デルタへ軽工業の大部分を移した。そうして彼らは、香港の一般的な水準に比して、ごくわずかにすぎない賃金での仕事をいとわない無尽のごとき労働者の供給、相対的に規制の緩い経営環境、そして免税の土地や工場、活動の自由を認めることにより、みずからの行政区域に実業家を引きつけようと熱意をみなぎらせていた地方政府を巧みに利用した（註9）。一九九〇年までに、広東省における工業生産総額の六九％は、衣料品、玩具、低価格帯のエレクトロニクス等であった（Lau 1998, table 6.2）。一〇〜二〇年の間、この地域は、アメリカ開拓期の西部を彷彿させる「原始的蓄積」の一事例であった。

産業資本の供給に加え、香港は特別行政区と省都の広州を結ぶ新たな交通体系にも貢献した。広東省は、虎門にて、珠江を跨ぐ堂々たる橋梁を建設していた。それは、民間によって整備された六車線の高速道路と結ばれ、香港・広州間で実際の時間距離を九〇分に短縮した。道路や橋梁のほかにも、新しいコンテナ港、空港、鉄道路線が整備され、それらの多くは香港を通じて資金手当てされた。こうした投資が適所になされて、珠江デルタは、ひとつの巨大都市圏として、いわば「都市」属の新種として、急速に融合していった(Luk 1998; Yeh et al. 2002, ch. 10-12)。

この物語の中心的存在は、明らかに深圳であった(Shiu and Yang 2002, 249)。香港のまさに双子である深圳はモデル都市とされ、市場主導の都市化を試みようとした。中央指令型の計画を相変わらず断固として信条とする、ひたむきな社会主義者の厳しい批判にもかかわらず、まもなく「深圳に学ぶ」が、当時のスローガンになった。その三二七平方キロメートルの三分の一以上が都市化され、残りの部分は、当初、自然保護区として、観光事業のために取りおかれた。深圳には、仕事やより良い生活を求め、中国各地から来た人々が暮らし、先のミレニアムが幕を下ろすまで、中国で最も暮らしやすい都市で、深圳大学はこの国の最も優れた学府のひとつと広くみなされていた。中国の博士号取得者の二〇%は、深圳で働いていると言われた(Yeh 2002, 236)。

香港経済は、一九八〇年代と九〇年代の大部分を通じて、対中投資からの収益により好況であった。しかし、一九九七年には、アジア経済危機で深刻な痛手を受けた。不動産バブル――香港で、まさしく天文学的な高さにまで達していた資産価格――の崩壊は、新たな特別行政区の指導者の目を覚ます役割を果たした。「一国二制度」のスローガンのもとで経済をいかに再編するか、低迷する成長率をどのように一変させるか、中国への窓をいかに利用するか、増大する貧困や失業問題にどう対処するかという他の考慮すべき課題も、戦略的なプランニングを相当に喫緊の要事とした。かつての慣れ親しんだやり方は、もはや効かなくなりつつあった。

「香港の強み」とは何か

新たな開発戦略の模索は、岑艾玲（Ngai-Ling Sum 2002）によってまざまざと記されている。政府高官は、アメリカに助言を求め、ハーバード大学やマサチューセッツ工科大学（ＭＩＴ）にて専門家から知恵を得ようとした。ハーバード大学のチームは、「フローの巧みな取扱い」という香港の中継貿易機能の延長線上で、「香港の強み」と称するアプローチを勧めた。特別行政区はいよいよ、その天与の後背地といえる珠江デルタの金融ならびにビジネス・サービスの中心地として描かれた。これはむろん、香港の古くからの大商人たち――その拠点は香港総商会で、対中投資から大いに利益を得ていた人々――には心地よく響くものであった。一方、MITのチームは、二一世紀の知識経済にむけて、香港を主要なものづくりの中心地として描き出す対照的なアプローチを勧めた。こちらの戦略的なビジョンも、力強い地元の支持者を見出した。貿易、金融、不動産には詳しいが、工業製品の研究開発には疎い香港総商会の重鎮らは、おそらく「香港の強み」の処方箋を好んだであろうが、香港の新しい行政長官の董建華は、みずからの将来構想のなかで、それらふたつをどうにか組み合わせようとした（Commission on Strategic Development 2000）。最終的に、みずからも元財界のリーダーである董建華は、香港がロンドンやニューヨークと張り合う「世界クラス」の都市へ成長するであろうとの期待を表明した。しかし、まさにこれがいかに成し遂げられるかについては、明らかでなかった。MITによる知識集約型の選択肢を進展させるため、さまざまな新しい仕組みが整えられたが、より即座に実際的なレベルということでは、中国本土や台湾から数百万人の観光客を引きつけるだろうと期待をかけたディズニーランド・テーマ・パークへ、特別行政区政府は一〇億ドルをつぎ込んだ。二〇〇五年〈九月〉に開園で、その初年度には五〇〇万人の来園者を見込んでいる〈開業後は各紙が苦戦を伝えている〉。

香港と広東省との今後の関係という差し迫った課題は、解決されるにはほど遠い（Cheung 2002）。その区境は、中国本土からの潜在的な移民に、依然として相対的に閉ざされているが、世界で最も往来が激しい境界線のひとつになってきた。二〇〇〇年、区境を超えた人々と車両は、両方向を合わせると、それぞれ八、六〇〇万人、一、一〇〇万台であった（Yeh 2002, 328）。香港大学のアンソニー・イェー（Anthony Yeh）は、珠江デルタの地方政府も特別行政区政府も、明らかな利害の補完性があるにもかかわらず、たがいにどれくらいの緊密さを求めているのかについて確信がないとみている。都市間競争が一段と激しさを増すなか、香港は、珠江デルタの一部分とみなされるべきなのか、その逆の見方がなされるべきなのか（239）。相変わらずこの問題が未解決なため、公的な接触は、いまだに限定的かつ形式的である。それでも、現実の諸課題には対処が求められる。主要な懸案事項は、査証の取り計らい、出入境審査手続き、そして輸送効率である。新たなミレニアムの最初の一〇年間については、珠江デルタの実業家は、特別行政区を訪れるための査証申請手続きに、四～六週間を要する。暮らしやすさはさておき、大気・水質等の環境条件が双方において悪化している。たがいに激しく張り合う数多くの異なった局所性が今なお見出される巨大都市圏を、ひとまとめにしていく効率的な都市間鉄道輸送システムを整備する必要がある。今後については不確かであるが、協力が不可欠な諸問題を実際的に片づけていく感覚が、おそらく広まるであろう。

貧困と地域格差の問題

こうして概略を述べようとしてきた都市・地域開発の物語は、世界に門戸を閉ざし、平等主義で貧しかった、まだ三〇年前にもならないかつての中国から開放され、豊かさへの歩みを進め、しかも平等とはますます懸け離れた中国にまでいたっている。上述の通り、地域格差の問題は、党・国家にとって重大な事柄になりつつある。そして、地域格差の実証を試みる研究者も見受けられる（Yang 1997; Wei 2000）。中国における所得の不平等と貧困の最も優れた研究は、カーン&リスキン（Khan and Riskin 2001）によってなされた。それは、中国社会科学院経済研究所と共同で、国際的な経済専門家グループが実施した二度の世帯サンプル調査（一九八八年および九五年）にもとづいている。その調査は、地域レベルでの所得格差の詳細な分析には十分とはいえないが、省レベルでのひとりあたり所得差が、特に農村部にて、極端に高まってきた感をまさに確かめている（47）。カーン&リスキンは、全国規模で農村と都市の所得格差を理解するための手がかりを与えてくれる。全体的にみて、「中国は、一九九〇年代半ばまで、開発途上のアジアにおいてひときわ不平等な社会に位置づけられた。一九九五年、中国のジニ係数［不平等度の指標］〇・四五二は、インド、パキスタン、インドネシアのジニ係数よりも高く、おそらくフィリピンのジニ係数と同水準である」という（43）（註10）。意外にも、省ごとのジニ係数は、中国全体でみるよりもかなり低めであったが、農村部の係数は都市所得にみられるよりも大きな不平等度を示していた（ibid., table 3.9）。一例をあげると、一九九五年、広東省の農村部ではジニ係数が〇・三九〇、都市部では〇・三一六であり、国際的な水準からすれば、いずれもかなり低い。しかも、他省のジニ係数は、さらに低めであった。カーン＆リスキンは、農村部の所得不平等度が高まった主因とは、非農業雇用の伸びであったと述べている（50）。ただ、それは、特定の沿海部の省に、とりわけ主要都市の近郊に集中していた。したがって、中国全体で不平等度をみると、そうした空間的不均衡が映し出される。対照的に、都市部での不平等の最たる根源は、所有者占有家屋の賃貸相当額であった。九九五年までに、持ち家はすでに一一％まで上昇していた。今や、その数値が一段と高まっていることは疑う余地がない（145）。ただし、そうしたデータを反転させれば、都市人口の大部分が貸し与えられた住居に暮らしていたことが——ゆえに、カーン＆リスキンに指摘された不平等度の増大は——明らかである。

農村貧困人口の推定値は、一九八八〜九五年に減少し、ことに極めて貧しい人々の割合が急激に下がった。むろん、絶対数では中国の貧しい人々の大部分は依然として農村部に暮らし、それゆえ貧困は一義的には農村の問題としてとらえられ続けている。都市の貧困問題は顕在化しつつあるが、かなり限られたものである（ibid., 147）。九五年には公式の都市住民の約五分の一に迫り、そのほとんどが貧困あるいはそれに近い水準で暮らす、いわゆる「流動人口」を別にすると、都市の貧困は、失業と強い相関関係がある。一九九五年、都市労働力の八・五％が失職していたが、貧困層のなかでは、失業率はおよそその三倍に及んでいた（148)。

中央政府はこれらの問題をますます注視し、中国中・西部でのより一層の投資を呼びかけ、さらには村民の苦境を緩和するため、税の軽減や保健サービスの整備など、具体策を試みている。カーン＆リスキンが繰り返し指摘しているように、農村の貧困とは、かなりのところ、適当な農外雇用が不足している問題である（逆説的になるが、賃金雇用が存在することも、農村の不平等度を高めている)。沿海部の県では、郷鎮企業——主要な農村の賃金雇用機会——の驚くべき進展がみられたことから、次章では、中国の農村都市化に関する文献を取り上げていく。

地域的特徴と地域政策の歴史的展望

産業革命以前の中国の途方もない領土は山地、航行可能な河川、運河で関連づけられた地理的な地域の集まりと理解すべきというのは、意外なことではない。しかし、スキナーの地域とは、主として都市システムの分析にもとづいている。このため、その地域とは厳密には地形区分という枠組みのなかにはめ込まれた都市商圏と考えられるべきである。さらに、数千年にわたる歴史のなかで、中国は領土を広げては、数多くのさまざまな人々を組み入れた。したがって、その地域レベルの地図には、自然地理や都市の市場に加え、言語、宗教、慣習によってたがいに見分けられる地域アイデンティティを縫い込んだ文化的なシートも重なる。かなり早い時期から、中国は遠距離の陸・海路の交易ルートを通じて、海外とも結びつきがあった。陸路は、都市（多くは都）が起点や終点となり、そうした主要都市には並外れた経済的重要性を生じさせ、さらにはルートに沿って都市を線状に形成した。海路は、外国人としばしば接触する機会に恵まれ、国際的な感覚を高めた沿海部の都市（泉州など）を特にきわだたせた。最後に、こうした多様なパターンは、省・府境という官のシートと重なっていた。

こうした伝統的かつ複雑な地域的特徴は、より統合された空間経済の発展を可能にする近代的な通信・交通手段によって弱められた。中国を地域でとらえるにも、この国の文化的、そして何よりも政治的一体性も合わせて考慮しなければならない。一九四九年以来、中央政府は、中国辺境の省に人方が暮らす少数民族を認定することによって、地域的な多様性を理解していた。そうした少数民族は、合計すると、全人口のおよそ一〇％にあたる一億三、〇〇〇万人に達する。さらに、政府はいわゆる自治地域ならびに香港、マカオの特別行政区に、ある程度の地方自治を認めてきた。同時に、学校教育においては、普通話（標準中国語）を義務づけることによって、この国にとって極めて重要な統一性を強化してきた。それは、方言や地域の言葉とともに身につけさせられている。中国の表意文字は、今なお、統一をはかるもうひとつの原動力になっている。

毛沢東は、中国のこうした多彩な地域地図に、社会主義社会の画一的なシステム――平等主義で質実剛健なユートピアとみずからが思い描いたもの――を押しつけようとした。彼は、潜在的な外国からの侵略者に抵抗するのみならず、ゆくゆくは世界の大国になるような、強い国家を望んでいた。これを成し遂げるには、中国は工業化をはからなければならなかった。この点に関しては、異議をさしはさまれることはほとんどなかった。ただ、毛沢東の胸の内には軍事的配慮が秘められていた。二〇年間、彼は軍の指導者であり、国民党、日本の軍国主義勢力、さらに朝鮮半島においてはアメリカを中心とする国連軍との攻防戦を繰り広げてきた。工業立地にかかわる「三線建設」は、基本的には防衛戦略であった。しかし、中国内陸部への工業移転には、さらに他の政治的、象徴的目的があった。それは「世界主義的」な様相をみせる沿海部の旧条約港――広東（広州）や上海のような都市――を退け、工業開発の重点を中国の伝統的な中心地域へ移すことであった。これは、トルコの首都をイスタンブールから（アジアの）アナトリアの中央部に位置するアンカラへ移したケマル・アタチュルクや、ブラジル内陸部のブラジリアという新首都の建設を決めたジュセリーノ・クビチェックといささか似通った国家主義者の戦略であった。これらの三事例は、卓越した国家主義者のイメージに有利なように統治を進める国家が、ある特定の自画像を棄却するための途方もない地政学的な重点の移設であった。

その後、一九八〇～九〇年代の改革政策では、その体制の重点を沿海部の省や都市へと戻した。経済に関わる論争が軍事的・政治的配慮を傍らへと追いやるにつれ、世界主義が復活した。中国は、遅れを取り戻すために、外資や外国技術を必要とした。それゆえ、新たな地域政策は海外の投資家を誘い込むため、戦略的な拠点としての都市に焦点を合わせた。

梯子理論で各段に見立てられた地域は、明らかに中国の実際の地域区分を反映してはいなかったが、最初に打ち出されたその理論は、沿海部の都市での加速度的な経済成長に続き、地域的な不均衡が高まる可能

三峡ダムの建設（2000年6月）

性を見越していた。なお、最近の五ヵ年計画は、内陸部を今後より重視すべきであると論じ、政府が掲げる重点課題の変化を示唆してきたことは注目に値する。地域不均衡が高まるとの予測は、まさに的中した。この政策転換が、どれくらい中国内陸部へ資本投資を引き込むという目標を達成できるかは、これから注視されねばならない。概して、最初の得点はくつがえすのが難しく、おそらく地域格差はかなり長期にわたり続くであろう。中国本来の中心地域へのこうした回帰は（まだ疎らにしか人々が暮らしていない、文化的にも独特な周辺部とはいかないまでも）、三峡ダム建設プロジェクトに着手する決定や、近年、中央直轄市としては第四番目で最大級となる重慶の指定に、部分的に表れている。

一部の地域に先に豊かになることを認める政策の結果として、空間的に斑のある経済成長パターンは、内陸部にて何百万という小農が離農し、立身出世を求めて沿海部の都市へと向かう、農村から都市への人口移動にすぐさま影響を与えた。こうした新たな流動性については、その次の章でさらに考察を進める。

第三章

農村の都市化

この二五年間、中国の変動のおそらく最も劇的な（しかも驚くべき）物語は、農村のかなりの部分が、多義的でとらえにくい「都市」への変貌を、どのようにとげてきたかということである。朱宇（Yu Zhu）は、このプロセスを、〝その場〟での都市化〈就地城鎮化〉と述べている（Zhu 1999）。その物語は、農村工業への就業が高まり、しだいに離農が進むものとして、一般に語られている。しかし、こうした展開のすべてを、中国における都市化のさらに包含的な物語に関連づけようとしてきた研究者もいる（Guldin 1997, 2001; Marton 2000）。

重要な沿海部――最も際立ったものとしては珠江デルタ、福建省沿海部の県が形成するベルト地帯、上海を中心とする長江デルタ、そして遼寧省の瀋陽から港湾都市の大連にいたる発展の著しい回廊――での農村工業化が、それぞれの〝経済的〟変動において、最もダイナミックな力学となってきたことに疑いの余地はない。しかし、そうした現象を十二分に理解するには、空間的、社会的、政治的な再編のより広範な派生的影響を熟慮しなければならない。

都市化のさまざまなかたち

最初に、一九九〇年代初頭の中国のマクロ経済状況から概観しよう。農村部門の根本的な改革は、農業集団化の否定ならびに一九八三年のいわゆる農家経営請負制から始まった。人民公社の廃止は、人間の創意工夫や活力を大いに解き放ち、農村工業化の熱狂的なプロセスが開始された。わずか一〇年後、二億人もの小農を貧困から脱却させるという紛れもない（しかも平和的な）ひとつの革命が生じていたことが見て取れた。リン・ホワイト（Lynn T. White）は、次のように、その全体像を簡潔に述べている。

一九九〇年末までに、農村工業は、中国の国民総生産全体の一五％、農村生産額の六〇％を占めるようになった。農村工業の就業者数は九千万人とされたが、実際にはさらに多数であったのかもしれない。二年後の一九九三年初頭には、その就業者数が一億五〇〇〇万人を超えたことが報じられた。一九九〇年の就業者数からは、農村工業が、国有工業に比して、そのじつに八七％にも及ぶ規模の雇用機会を提供し、さらに一九九三年の数値からは、これら二部門が、雇用面において、おおむね同水準にいたったことが読み取れる（1998a, 151）。

このような躍進は、その後一〇年間、当初の熱狂的なペースとまではいかないまでも持続した。農村工業化は、空間的、人口統計的な観点から、中国のプランナーが抱える諸問題を解決した。他の途上国では、農村から流入した人々――時に、スーダンのように、武力紛争で疲弊した地域からの難民――が、巨大かつ何とも言いようのないスラムに住まうことがあったが、農村工業化は、そうした国々で生じたような主要都市への大規模な人口移動を緩慢にするのに役立った。中国を除けば、貧しい国々の大部分の農村からの流入者は、「インフォーマル」な仕事（相対的に非生産的なサービス部門）で、都市での生計を立てている（Portes, Castells, and Benton 1989）。次章で取り上げるように、中国の農民も、働き口とより良い生活を求めて、主要な沿海部の都市へ移動しているが、何百万もの人々は、みずからの近辺にて急速に工業化が進む農村部へも向かった。こうした変化にともない、ふたつの主要なデルタ地域に、〝多心型都市圏〟という新たな都市形態や、大・中都市に近接し、ゆくゆくはそうした都市に組み込まれるであろう〝都市周辺部〟が形成された。これらはほとんど一夜にして生じたようにみえるが、実際には二〇年を超える歳月を費やしている。一般に、全人口に対してあらかじめ設定された「都市」区域の人口統計的な増加という視点からのみ受けとめられる〝都市化〟のような言葉の狭小な表現力を考え合わせると、より複雑とはいえ、一段と精緻なとらえ方が求められる。ここに、都市なるものという多次元から構成される概念の五つの側面を提起したい。

(1) 行政的な都市化

中国では、他の国々と同様に、鎮や市は行政上規定されており、たとえば、村から鎮へ、あるいは鎮から市への昇格基準は種々みられ、時がたてば変わる可能性もある（註1）。中国の特異性は、都市住民が、低価格な食糧や住宅など、特権付きの〝戸口〟という居住許可によって識別されることである。中央政府は、都市〝戸口〟数を制限しようと懸命に取り組んできたが、部分的に成功をおさめただけである。都市（住民）人口増のおよそ五分の一は、本来、都市ではなかった区域を、都市へ組み込んだことにともなっている。

（2）　経済的な都市化

都市化は、第一次産業（農業、自然界からの採取）、第二次産業（製造業、建設業）、第三次産業（商業、サービス業）の構成比率に変化をもたらす。それは、第一次産業では雇用が低減し、ひるがえって第二・三次産業では進展がみられるという構図である。また、このような都市型の仕事への構造転換は、通例、すべての部門で一層高まる就業者ひとりあたりの生産性にも見て取れる。さらに、レントから所得の一部を手にしている人々が増加する可能性もあろう――それは、中国では、集団（「株式制」）もしくは個人（家族）所有から生じうる――（Unger 2002, 169-72）。最後に、経済的な都市化には、しばしば、局所レベルから地域レベルへ、さらには国内・世界レベルへと、取引範囲の拡大をともなう。

（3）　物的な都市化

村や郷は、道路が舗装され、公共空間の美化が進み、多層集合住宅（最新の洗面・浴室付き）が数を増すにつれ、「都市的な様相」をもちはじめた。工場、新しいショッピング・センター、レクリエーション施設、ホテル、診療所、新・改築された学校もみられる。なお、煙突から吐き出される煙から、枯渇しつつある地表水や悪臭を放つ下水溝になりはてた河川にいたるまで、著しい環境破壊が中国各地で顕在化している。

(4) 社会・文化的な都市化

日々の暮らしは、一変する。新たに流入してきた多数の人々は、その地の工場、建設労務や、ますます専門化する農業経営のなかで残された雑役に就いている。地元の共同体にとっては、そうした人たちは異なる慣習や言語をもつ部外者であるため、彼らの存在が社会的緊張の新たなかたちを生み出すことになるかもしれない。さらに、農民の暮らしについては、(特に革命的共産主義のもとでみられたような) 比較的単純な社会階層が、新しくより複雑なものに取って代わられつつある(註2)。最後に、個人・家計消費や余暇の過ごし方に、新たな状況がみられる(第五章参照)。コンピューターや携帯電話といった技術——情報革命——は、境界のない都市を形成する可視的な装置の一部である。

(5) 政治的な都市化

中国のような党・国家でさえ、政治的な変化が都市化と関連している。中央政府は、地方政府への権限委譲を余儀なくされてきた。たとえ投票で選出されていなくても、地方政府は、地元住民の名のもとに振る舞い、みずからの利益のために行動しようとする。地方の当局者と経済エリートとが強く結びついた、新たな権力構造が浮かび上がる。戴慕珍 (Jean Oi 1999) は、こうしたガバナンスのありようを、地方法団主義 (local corporatism) と呼んでいる。なお、新しい経済エリートのすさまじい台頭にともない、末端レベルでの党・国家の独擅場は、終焉をむかえつつある。今や、どうしても共棲関係とならざるをえない。

内発的発展

中国の変動についての数多くの論考（特に中国の公式報告）は、農業社会から都市社会への変化において、外資の役割を強調している。そうした資本の大部分は、香港（一九九七年からは正式に中国の一部分）や、台湾から来ている――なお台湾は、中国の関係筋からは、組織的に「省」と呼ばれている――。また、他にも、東南アジア、日本、韓国、アメリカ、欧州連合から、沿海部への投資がなされてきた。それでも、農村工業化――先に概観した複雑な都市化というプロセスの背後で、その推進力となってきたもの――については、〝内発的〟発展の一種としか言いようがない。福建省のいくつかの部分や珠江デルタにおいては、外からの資本が際立った役割を担ってきたが、このような地域でさえ、投資衝動は、地方の当局者によって誘導された。そして、これより考察するように、ローカル・レベルの燃えるような企業家精神の目覚ましい事例も散見されている。中国農村部の各地において、全般的な発展は（都市化を含め）、おもに末端レベルでの進取的精神のたまものである。

農村から多心型都市圏への転換にあたり、中国の経験からは、概して、次のような六要因の作用が見出せよう。

(1) 西側諸国の主要都市以上という農村の人口密度
(2) 農業以外の仕事で、より生産的に雇用されうる労働力の膨大な供給過剰
(3) 古くからの工芸の伝統など、工業化を促進する歴史的な素地
(4) 企業家として(リスクをいとわず)、かつ広範な開発上の役割において、機知に富むローカル・レベルのリーダーシップ
(5) 耕地面積が減少し続けるなか、貧困や不完全雇用から抜け出すための新たな好機を見極める末端レベルの家庭に、広く受け入れられている企業家としての才覚や成功への心得
(6) 高水準な集団・家計貯蓄、そして生産設備や住宅を含む社会基盤への再投資

農村工業化は、確かに、主として交通機関の接続や商業的な連携が良好で、しかも絶えず強化されている地域の大都市周辺にて進展してきた。これは、まさに江蘇省南部の状況であり、後述する。しかし、都市への近接性は、世界のあらゆる「途上」国のなかで、なぜ中国においてのみ(ベトナムは例外かもしれないが [DiGregorio 2001 参照])、農村工業化が新たな都市形態を方向づけ、真に変化させる力をもち得てきたのか、ということの根本的な説明にはならないと考える。先に見出した六要因は、結局のところ、中国の経験

がどうして特別なものとなったのか——いかなる理由により、たとえば、ジャワ、マレーシア、あるいはフィリピンで、同様なことが生じなかったのか——を語ってくれないかもしれない。しかし、それらは、中国の改革の時代において最も劇的で、多分に予想を超えた成り行きを、必ず解き明かすであろう。

江蘇省の農村部について、二〇年の間隔をおいたふたつの時期のデータを少々携え、こうした変動がみられる主要地域のひとつに向かってみたい（Martor 2000, tables 3.2, 3.3）。長江をまたぐ江蘇省は、上海に隣接する重要な省であり、それらは全国工業生産総額のおよそ一八％に寄与している。江蘇省の農村変動は、大部分が蘇南として広く知られた長江以南に際立って現れたが、次に述べる目覚ましい統計データは、江蘇省全体のものである。

インフレ調整後の不変価格で、江蘇省の工業生産総額は、一九七八年には六〇億元であったが、一九九八年には九、六〇〇億元にまで膨れ上がり、総生産額の二九％から八六％にまで高まった。一九七八年、工業企業は五万六、〇〇〇社であったが、一九八八年までに、それは一〇万五、〇〇〇社へと急増した。一〇年後、破産や合併にともない、江蘇省の農村企業は、約六万四、〇〇〇社に落ち着き、生産性については一三倍の伸びをもたらした。また、注目すべきは、農業生産総額の絶対的な増加であり、一九七八年の一三〇億元から、二〇年後には五〇〇億元へと上昇している。疑問の余地のない見事な進展は、ただし、一九七八年の六二％から、同じく二〇年間を経てわずかに四％へと〝相対的〟な減退でもあった。最後に、建設、運輸、商業を含む、「その他」の生産総額は、一九九八年までに農業を上回るのみならず、実際のところ、一次（農業）生産の生産額の二倍を超えるほどにまで高まった。

同様な話は、江蘇省の雇用統計でも語られる。農業部門においては一、九〇〇万人から一、五〇〇万人への〝減少〟（労働者ひとりあたりの生産性に飛躍的な進展がみられたことを意味するとともに、基本的な食糧を脱して、都市の市場を視野に付加価値の高い生産物へと重大な転換がなされたことを示唆）、工業部門では二〇〇万人からほぼ五〇〇万人まで、「その他（サービス）」では一〇〇万人から七〇〇万人近くまで、それらを足し合わせた「都市」の雇用としては三〇〇万人から一、二〇〇万人への〝増加〟がみられた（註3）。

このような変化は、中国の他の主要な地域においても同様に見受けられる。そうしたことがいかに生じたかを理解するため、先に提起した六要因についてこれより考察を進める。なお、その際には、既存のさまざまな論考を、具体例を交えながら取り上げていきたい。

農村の高い人口密度と「余剰」労働力

中国の農村の人口密度は、とりわけ沿海部については、他の国々の主要都市全体の人口密度に匹敵する水準である〔註4〕。アンドリュー・マルトン（Andrew Marton 2000, 70）は、長江デルタでは、農村の人口密度が七五〇～一、二六〇人／平方キロメートルであると報告している。また、朱宇（Zhu 1999, 159）によると、福建省沿海部の二七県については、平均人口密度が五九五人／平方キロメートルである。〝戸口〟制度が緩むにつれて、このようなところには大規模な人口流入がみられ、実際のところ、すでに非常に高い水準の人口密度が、さらに一段と高まっている。こうしたレベルの人口密度は、問題とともに好機ももたらした。その問題とは、ただ農業だけでは（特に基本的な食糧に専念した場合）農家はかぼそく辛うじて暮らせるのみということであった。福建省晋江県を調査した朱宇（Zhu 1999, 118-19）は、ひとりあたりの耕地面積が、一九四九年にはまだ一・二三畝（〇・〇八ha）であったものが、一九七八年までには〇・五六畝（〇・〇四ha）と危惧されるほどまで低下し、多数の農民がまさに餓死寸前の状況におかれていたと指摘している。彼は、つぎのように述べている。

農村の余剰労働力の問題と農外活動を発展させる必要性は、中央政府により、かねてより認識されていた。一九五二年という早い段階から、中国中央労働就業委員会は、農村部に数多くの余剰労働者が存在することを指摘し、この問題を解消するためにさまざまな対策を提案していた。そのひとつは、副業や手工業の奨励であった。一九五八年、人民公社化運動のなか、中国共産党中央委員会は、工業が大いに振興されるべきと、「人民公社の工業化」を提案した（119）。

しかし、副業や工業生産は、「食糧を要とし、全面的発展をはかる」という広く知られたスローガンに象徴されるように、農業（特に食糧）での自力更生という最も重要な目標におされた（120）。それでも、晋江では、一九六〇年代、機械、金物、建築資材を製造するいくつかの企業が設立され、一九七八年までには、この県は、農村労働力の一五％にあたる五万二、〇〇〇人の農村労働者を雇用する、総計一、一四一社の社隊企業を有していた。「要するに、郷鎮企業（「集団」所有制の農村工業）の基礎は、一九七八年よりも前にすでに築かれていたが、それらは農村経済において限定的な役割を果たすにすぎなかった」と、朱宇は記している（121）。

農村の高い人口密度と不完全雇用が問題ならば、その取組みとは、離郷することなく、粗放農業からより生産的な産業へ転換することであり、〃その場〃での都市化といった変化を引き起こす工程（展望）に着手することであった（註5）。

歴史的な素地

晋江の話は、他の多くの県でもみられるもので、一九八三年以降に爆発的に成長する農村工業が、ローカル・レベルでの企業家精神や技術上のノウハウがどういうわけかこの上なく高まったというようなものではなく、先の二〇年間に生産大隊（村）や人民公社（郷）レベルでの集団生産にその起源があったことを明示している。人民公社体制は一九八三年に解体され、農業は農家単位での生産にもとづくいわゆる請負制に戻されたが、集団所有という法的基盤は受け継がれ、それに続く農村のめざましい生産性向上の礎となった（White 1998a, 113）。

毛沢東思想に根ざした集団主義の試みが農村工業化の基盤を涵養してきたとすれば、中国沿海部の多くで何世紀もの伝統を有する農村の工芸技術をもとにしたものづくりは、さらに奥行きのある解釈をもたらしはしないか（註6）。帝国時代には、たとえば、珠江デルタに位置するひとつの郷であった西樵では、絹糸や絹布を生産する家内工業

農村工業化（1994年、福建省晋江市*）――この区域はその後統合整理され、汚染は軽減された［*1992年、晋江県は晋江市（県レベルの市）に昇格している］

が発展した。一九世紀の終わりに機械化されたこの地の織物生産は、中華民国の時代も切れ目なく続いた。革命的共産主義のもと、こうした自宅内で繰り広げられてきた工業は集団化され、その規模は拡大された。そして、一九八四年には、次のような展開が記されている。

三つの集団所有制織物工場からリスクをいとわない数人の技術者と労働者が職を辞し、電動織機をそれぞれ数台据え付けたごく小さな自営工場を始めようと独立した。一九八〇年代半ば、中国で布地が極めて不足するなか、そのごく小規模な新工場で生産されたものには何でも、消費者が飛びついた。蓄財の様子を見た近隣の人々は、みずからも事業に乗り出そうと先を争った。この郷内の村のいくつかでは、一九八〇年代の後半までに、全世帯の半分近くが工場を経営していた（Unger 2002, 133）。

高騰する人件費と汚染により桑の栽培および養蚕が減り、西樵での織物生産は、まもなく、人造繊維へと移った。そして、華南で自由市場向けに合成繊維を大量生産した最初の地であったことから、この郷は、「全国の衣料品工場から、買い付け担当者を瞬く間に引きつけた。一九九〇年代、そうした人々は、毎年何千人という単位で押し寄せ、西樵の工場主にとっては、中国各地の消費傾向に常に通じていることを可能にするアンテナになった」（134）。西欧での産業革命が、同じく世紀を経た伝統や共通の記憶に根ざしていたことを思い出してみると良いかもしれない（註7）。フェルナン・ブローデル（Fernand Braudel）は、中国の繁栄するデルタ地域や、そうした土地にみられる絹織物や陶磁器の伝統的な技術に関して、今まさに知り得たことを予示するような一節のなかで、中世フランドルの織工や商人を、次のように記している。

一一世紀の半ばまでに、その平坦地の織工は、都市中心部に暮らすようになっていた。人口はしだいに増え、大農園が栄え、そして織物工業は、セーヌ川、マルヌ川の両岸からザイデル海にかけての作業場を絶えず活気づかせていた。

ブリュージュのまばゆいばかりの栄華は、このようにして極まった。一二〇〇年までには、この都市は、イープル、トルハウト、メイセンとともに、フランドル・フェアの開催地に組み込まれた。そして、このこと自体が、ブリュージュをさらに重要な地にした。この都市は、外国からの商人を受け入れ、この地の工業は好況にわき、その取引は、みずからの織機ならびに布地を生産するフランドル各地の町へ改めて送り出すために羊毛を求めたイングランドやスコットランドに及んでいた（Braudel 1992, 99）。

ブローデルが記しているこの時代は、中国では、とりわけ長江下流域にて、肥沃な棚田のなかに突如として多数の新しい市場町、都市が現れるように、活気にあふれ、急速に都市化する経済を擁したふたつの宋王朝と同時代であった。地域の中心地は、それぞれの名産品に特化しはじめた。たとえば、蘇州は、絹織物、刺繍、鉄製調理器具で有名であった。県のなかには、茶の生産への特化もみられた。そして、日用品のようなものでさえ、市場が拡大し、それぞれの土地での特化が進むにつれ、共同体の相互依存性が高まった（Heng 1999, 183-86）。こうした古くからの伝統は、中国沿海部の現代の農村工業化を育んでいる。

機知に富むローカル・レベルのリーダーシップ

今日、中国農村部での所有形態については、集団所有、混合所有、私有が混在している。そうした混在状況は、私有（個人または家族を中心にしたもの）へと向かいつつあるように見えるが、ほとんどの地域で、集団所有が依然として最も一般的な形態である。さらに、村民委員会は、ますます民選の幹部によって運営されているが、地元の道路整備や公益事業の推進など、一般的福祉に関わる事柄にのみ取り組んでいるのではない。有利なベンチャーへの直接投資はむろんのこと、増収をはかるため、特定用途に公有地の割当ても行う（たとえば、ゴルフ場建設のために、非公有制の開発業者に土地をリースすることもある）。したがって、ローカル・レベルのリーダーシップの質――臨機の才や企業家としての気概――が、今のような過渡期には決定的に影響する。なお、上述の事例は、とりわけ改革プロセスが動き始めた頃に顕著であった。当時、社会主義経済のなかで、私営企業という選択肢は、まだ踏み越えてはならないものとみなされていた。

ここに、ローカル・レベルのリーダーシップの質に関して、ふたつの物語を取り上げたい。最初の話は、中国東北部の主要港である大連市のひとつの村（現在は鎮）からである（Hoffman and Liu 1997）。一九九一年に整備された瀋大（瀋陽――大連）高速道路を契機に、その沿線の北楽村は成長を遂げ、経済的多様化がはかられた。現地の資料によれば、北楽の今日の繁栄は、好機をとらえ、適切なリーダーシップを発揮したひとりの人間の能力によるところが大きい。その人とは、北楽の元党書記であり、インタビュー時には村長であった、遅福声という人物である。一九八四年、遅福声に率いられた北楽村は、織物工場に投資した（註8）。彼の巧みな経営により、その工場は成功をおさめ、まもなく他の事業にも手が広がったが、そうした企業のすべては、村の集団所有、もしくは、いくつか見られる混合所有のいずれかであった。これらは、ミシン針、織物、家具、化学薬品の製造、染色、さらに食品加工へと多方面に及んだ。そうした好結果を得た事業の開始から八年後、北楽はみずからをひとつの複合企業体（「集団」）として編成し、遅福声をトップとするその実業総公司を設立した。なお、遅福声は、村長も引き続き務めた。

ただ、最も重要なことは、この村のすぐ近くを通る高速道路の整備であった。遅福声主任は、このような新しい状況を積極的に活用しようと、共同体に必要なものを見極めるために周辺に調査員を出向かせ、さまざまな商品を扱う大規模な市場の建設計画を決定し、そして大連市政府の認可を願い出た。一九九五年、その市場が開設され、この区域の経済発展、ならびに、周辺からは余剰労働者を引き寄せ、手助けする力量が大連市政府の目に留まり、北楽村は、小城鎮になった。かつて、北楽村は二十里堡鎮の一部分であったが、現在は北楽鎮と呼ばれている（161）。

北楽は、その新たな行政上の地位で、また省からの資金注入も得て、他村の土地を買い上げ、周辺部をみずからの行政区域内に組み入れた。こうして、北楽の人口はおよそ一万人にまで増加したが、遅福声は――その間、この新しい鎮を率いるように昇進し――、いずれは人口が三倍程度まで膨らみ、小規模な市として認められる水準に達するとの期待を表明した。リサ・ホフマン&柳中権(Hoffman and Liu)が結論として引き出しているように、明らかに、「政策改革とローカル・レベルのリーダーの企業家的手腕の相互作用が、村がたどる農村都市化と経済的多様化のモデルに影響している」(ibid.)。

もうひとつの話は、先に述べた、珠江デルタにて二六の村を有する西樵郷が舞台である。そのひとつの連新村は、三、五五〇人の居住人口に加えて、六、〇〇〇人の出稼ぎ労働者を擁し、その大部分は村内の小規模な織物工場で働いている（Unger 2002, 150-52）。ほとんどが家内企業である（連新の居住世帯数は九二〇である）。集団所有制から最初に抜け出た人々によって、それらがいかに始まったのかについては、すでに述べた通りである。一九八〇年代半ば、連新の村民委員会は、私有企業を妨げようとはしなかった――なお、当時、中央政府がそうした自発性を認めるかどうか、まだ明確ではなかった――。ただ、同時に、それは公有制の工業が発展するように、積極的に動いていた。床・壁用タイルを専門に扱い、華南の市場で優位を占めていた近隣の南庄郷に、連新のリーダーは、真似たいひとつの実例を見出した。一九九一年のことであった。

［新しい］連新村の党書記は、巨大なタイル工場を建設するため、村民委員会に一億元近くを銀行ローンで借りさせた。彼は、西ドイツから高度な機械設備を輸入し、国内では他の地方からセラミック・タイル製造の専門家を雇った。その施設は、フットボール競技場ほどに長いコンピューター制御されたベルトコンベアー式の窯を据えた巨大空間を有する、じつにすさまじい規模のものである。一九九〇年代初め、広東省は不動産ブームに沸き上がり、それは、建築用タイルへの留まるところを知らぬ需要を生み出した。……一九九七年までに、この郷には、二三の巨大なタイル工場がみられた（151-52）。

ジョナサン・アンガー（Jonathan Unger）は、成功は報われたと記している。その村の党書記は、西樵郷の党書記として、また新興の政治的ボスとしても力を尽くすように引き立てられた。連新をあとにする際、彼は、村長と村の党書記のポストに織物工業で業績を上げてきていたふたりの地元実業家を選び、みずからの後任者に据えることができた(152)。連新では、党、地方政府、企業といったものが収斂しつつあった。

地方政府の極めて重要な機能、さらには開発プロセスを導き、直接介入さえするそのリーダーシップの役割は、強調し過ぎることはない。戴慕珍(Oi 1999)によれば、「……上級政府は、集団所有制の郷鎮企業を一段と競争力のある効率的なものとするため、新しい経営形態をとるように奨励してきた」(81)。北楽がひとつの実業総公司としてみずからを編成した際、まさに遅福声主任が村の経営最高責任者(CEO)のように振る舞いはじめたが、他の形態の地方法団主義も中国のいたるところで現れた(97)。新しい経営形態としては、リース(「租賃」)、株式制(「股份制」)、複合企業体(「集団」)がみられる(81)。それらのすべてが潜在的な財源であり、それは生産の拡大もしくは改善に再投資されるか、公益と考えられる諸事業にあてられる。「工業化が非常に進んだ村では、学校、住宅、映画館、コミュニティ・センターが、構成員のために建設されることをよく目にする」と戴慕珍は記している。「一九八〇年代半ばには、水道、電気、液体燃料を無料で共同体の各戸に供給するほか、大学入試に合格した学生にそれぞれ六〇〇~三、〇〇〇元の教育補助金が支給されたところもあった。……一九八〇年代後半に、中国で最も工業化が進んだ村のひとつでは、毎年二〇〇万元を超える資金が、公益事業を除く各種補助金にあてられた。その村では、三、〇〇〇万元を超える利益を上げていた」(80)。

企業家としての才覚や成功への心得

一九九〇年代後半、私有企業が急激に伸びはじめた。そして、まもなく実業家は中国共産党へ加入するように求められた。国家が提示する枠組みの外側で事業を開始するという初期の画期的な取組みは、(先述の)西樵郷のような場や浙江省温州市といった沿海部でなされた。毛沢東思想が中軸をなした時代、温州は、資本主義的な傾向がありはしないかと疑われ、いささか好ましくない評判がたっていた。今日では、ひとつのモデルとして称賛されている。

最も際立っていたのは、「温州モデル」であった。……温州は、五〇万人を超えるほどの都市人口にもかかわらず、経済的な実験には都合良く、安全に隔絶されていた。そこへは鉄道もなく、改革の初期には定期的な航空便もなかった。ひとつには、温州と台湾の小舟を通じた広範な不法接触ゆえに、また、とりわけこの都市の孤立性ゆえに、温州はまさに中国式の資本主義を思い切って試みるに相応しい場であった。一九八〇年代後半には、改革派の知識人による温州に関する書籍があふれるようになった。温州資本の約八〇%は、一九八〇年代後半までに、国有や集団所有ではなく私有であった。温州の私有制銀行は、滞りなく資金を貸し付けた。一〇万人を超える行商人は、中国全土に散らばり、温州の商人に成り代わって精力的なマーケティングを展開していた。……モデルは増えていった。上海に近い、江蘇省南部の「蘇南モデル」は、主として集団所有制企業で名をはせた。華東地方の蘇南、温州、耿車モデルのほかに、華南地方には、広州周辺の「珠江モデル」がみられた。華北地方については、知識人が「廊坊モデル」を話題にしていた。……これらはみな、いろいろな試みが行われた行政区域名にちなんで名付けられた。……ただし、農村の当事者は、モデルをなしていたのではない。財をなしていたのであった（White 1998a, 146）(註9)。

次の逸話は、同じくホワイト（White）から引いているが、中国沿海部のいたるところで何千回となく繰り返されたある現象を具体的に示している。

浙江省桐郷県のある鎮は、農民のひとりがその地の環境が家禽を扱うのに最適であることを見出し、後に「アヒルの王国」になった。彼は、一九八〇年代後半には年間三万元を稼ぎ出した（「浙江省長の所得のほぼ一〇倍」に達すると、中国のある新聞が特筆していた）。仲間の村人も彼を真似て、すぐさまアヒルの飼育に乗り出した。一九八九年には、その村の大多数の世帯が年間一万元を稼いだ。また、村のリーダーがアヒルの飼料を生産する工場を建てたことから、このブームは、産業の多様化にもつながった。地元のある実力者の言葉であるが、「本当に、我々は、まさしく生産管理者となった。……政府関係者が我々の公僕となってきたことは、改革にともなう大きな変化である」(109)。

これまでの制約を打ち破り、しかもそうする際には政治的、経済的リスクの両方を引き受けるような、ひとりの農民が不可欠であった。その隣人たちは、ただ、成功をかぎつけるやいなや、彼がなしてきたことを急いでまねようとし、さらに、西樵ならびに桐郷では、村の幹部が言うなれば、流れにしたがった。どちらにも、リーダーと追随者がみられるが、いったん堰が切られると、貧しい農民は豊かさに対する欲望を秘めておけない。より慎重な追随者は、多くの場合、未踏の地へ挑もうとはしないため、こうしたパターンでの自然な成行きは特化である。彼らは、それぞれの村や郷がすでに生産に手馴れたもの(アヒル、織物、靴、タイル、機械部品)を生産している。激しい競争のなか、一部の企業家は、ほかよりも成功をおさめ、ある時点で、国際市場への参入を試みようとするかもしれない。だが、そうしたことは別の話である。進取の気概に富む人でも、追随者でも、どのような場合においても、中国の人々は企業家としての適性には欠けていない。

ジョナサン・アンガーは、西樵で見出したような企業家精神について、中国特有の様式が存在するのかを問うている(Unger 2002, 138-41)。福建省晋江〈益家村〉の研究と一九九三年の台湾での調査を引きながら、彼は、確かにそうした様式が存在すると結論づけている。彼は、それを、小規模な製造業に機会が広がった時にみられるリスク覚悟の進取的精神、小規模な製造業者として初めの足がかりを得るためにパートナーシップを求める方向性、ゆくゆくは親族をもとにした会社経営が選び取られ、そうしたパートナーシップを解消する傾向、社内の生産工程の一部を管理する配偶者の役割、そして、事業主がその業務の向上や拡張をはかる際、銀行ローンをあてにするよりも、利益の一部を貯蓄し、再投資する性向と論じている。そして、「中国において、社会的に強く根づいた、まさにひとつの様式」と記している。「ただし、西樵のように、同族会社の伝統を越えることができる企業家が、概して、より巧みに事業展開することも予想される」(140)。

高水準な家計貯蓄、そして集団所有および私有部門から社会基盤への再投資

昆山は、蘇南(江蘇省南部)の県レベルの市であり、上海と蘇州のほぼ中ほどに位置する。昆山の行政区域内には、四六七平方キロメートルの耕地に二〇の鎮と四六三の村が点在している。その居住人口は、六〇万人に近い。一九七九年から一九九六年には、その工業生産高の〝年〟平均増加率が、三三%であった。こうした伸びの大部分は、自己資金によってなされた(Marton 2000, 7-8)。

昆山では、家計の貯蓄預金が桁外れであり、一九八〇年にはわずかに三、八〇〇〇万元であったものが、一九九八年には五八億元にまで上昇した。ひとりあたりではおよそ一万

元に相当する。また、おもに地元での借り入れ資金によってなされたその固定資産は、一、八〇〇万元から五八億元に増加した(162)。こうした産業投資のほぼ八〇%は、鎮や村レベルの集団所有制企業ならびに私有企業に流れた。アンドリュー・マルトン(Marton 2000)は、次のように述べている。

農村幹部によるそうした投資の末端レベルでの調整は、社区政府による鎮・村営企業の利潤やその他の資金の管理、ならびに、地元銀行のローン・ポートフォリオの操作を通じてなされた。昆山での資本の流れについて、さらに重要な要素は、農村企業からの純利益の使途であった。……地元企業は、純利益の四〇・四%を事業の改善や拡張に再投資した。それから、純利益の一九・八%は、地方政府へ直接流され、その大部分は、地元の振興につながるその他の投資に振り向けられた。また、納税された平均二七・一%の部分についても、鎮政府が歳出にあてることができた。昆山の当局者は、みずからが温めてきた事業を推進するために躍起になっているが、彼らもローンを得るために、地方金融機関を頼みにしていた。融資は、商業的な判断にもとづくものとみられたが、実際には、その多くが政治的に動機づけられていた(163)。

末端レベルでの投資に必要な資金を調達する方法は、しばしば、独創的であった。たとえば、福建省晋江県では、林土秋という名の進取の気概に富んだひとりの農民が、自宅で靴工場を始めたいと考えていた。これは、一九七九年、改革が着手された頃であった。彼は、知り合いであった一四人の農民から一〇万元の資金を集め、その事業に乗り出した。また、出資した農民は、それぞれの投資により、共同出資企業である彼の工場で、最初の職工グループになった。生産を開始して一〇年を超え、農民の林土秋が経営する工場は、固定資本で二四〇万元、そして流動資本でさらに一〇〇万元の価値を有するにいたった。一九九一年まで、彼は、毎日三、〇〇〇～五、〇〇〇足の靴を生産していた（Zhu 1999, 126-27）。

ほかでは、たとえば広東省南海県にみられるように、郷が所有する土地を株式合作制で管理するために、経済合作社が設立された。この郷は、かつての人民公社であり、それがたとえ基本的に解体されたとしても、集団で土地を所有する仕組みは消滅していない。郷の住民は、経済合作社に差し出した土地に対する株券を渡される。しかし、株券の割当ては、一般に想定されるような各戸が提供した畝、すなわちヘクタール数ではなく、まったく異なった基準にもとづいている。たとえば、箇村では、次の通りである。

ここに生まれ育った両親の乳幼児は、それぞれ、誕生時に一株を手にする。そうした生粋の若者は、一七歳になるまで、一株を保持する。一八～三五歳のそうした人は、二株を保持する。三六歳に達すると、彼らはさらに一株を与えられ、五五歳までは三株を保持する。そして、この共同体に生まれ育った五五歳を超える人は、いずれも四株を保持する。なお、亡くなるとその株は消失する。また、女性が共同体の外へと嫁ぐ際には、その株を失う。もっとも、配偶者の共同体に加わる時、その地で同等の株数が手に入る。転出時については、そうした家族は、株および配当を同様に失う――共同体を構成する一員であるためには、居住している必要がある――。ただし、その家族が舞い戻り、共同体の生活に再び加われば、その株はまた発行される（Unger 2002, 160-61）。

配当は、農事産業、養魚場、田畑、ゴルフ場などの用地の賃貸しから出ている。一九九六年、西樵では現金配当が一、〇〇〇～一万元であったが、一部には格段に高い郷もみられた。これは、年間の賃貸料収入であり、五～六人の大家族では、その総額が時には一〇万元に達することもある。一部は、住宅や教育に再投資されたり、冷蔵庫や洗濯機のような消費材の購入にあてられたり、地元の不動産や工場へ思い切って注ぎ込まれる場合もある。〝その場〟での都市化という状況のもと、深く関係した非常に高い人口密度もあり、しかも急速な経済発展が進展するなか、わずか三〇年前には自給自足の農民であった人々が、今や心地よい都市の生活様式を享受していることは明らかである。

しかし、ドロシー・ソリンジャー（Dorothy Solinger）が指摘するように、一九九〇年代後半には、農村工業が労働力を吸収する能力にかげりが見えはじめた。この部門の雇用は、一九九八年だけで一、七〇〇万人減少し、一九九〇年代を通じて、ほぼ三、三〇〇万人落ち込んだ。二〇〇一年、中国のWTO加盟を受けて、農村工業は、国内市場にて、より大規模かつ手際よく経営されている外資系企業と互角に渡り合うことは無理であろう。そして、（一九八〇〜九〇年代には大きな成果をあげた）〝その場〟での都市化の終焉が、かなり間近かもしれない（Solinger 2003, 85）。ほかにも、マイケル・リーフ（Michael Leaf）が、そうした見方を支持している。リーフによれば、近年、郷鎮企業は再編されつつあり、今ひとつ伸びきれない企業は空回りしているが、最も成功した企業はさらに発展し、私有化されている（個人的な情報交換）。これらは、状況の急転を告げている。ただ、過去二〇年間の農村工業化は、本質的には、中国沿海部を分散した都市化パターンへと促す過渡期の現象であったことを思い起こさねばならない。競争がますます激しくなるにもかかわらず、郷鎮企業は地方経済において、そして確かに中国全体において、依然として極めて重要な役割を果たしている。将来、郷鎮企業がどのようになるかは、注視すべき課題である。

これまで、リーダーの運営能力、企業家精神、技術上のノウハウ、高水準な集団・家計貯蓄といった農村工業化を促進した諸条件や、中国史にみられるそのしっかりとした根源を中心に考察を進めてきた。換言すれば、農村工業化を、内発的発展の一形態として論じてきた。いずれにせよ、これは純粋に経済的な話ではなく、独自の取組みを通じ、みずからを新たな種類の都市現象や新しい生き方へと転じる農村の物語であることは明らかである。

・北楽村（後に鎮に昇格）については、行政的な都市化の一例としてみてきた。
・江蘇省では、その地方経済において、「都市」の生産額や雇用が群を抜いて高まり、非常に生産的な農業部門が、相対的に減退するのをみた。
・比較的短期間に、農村の人々がますます都市の生活様式を取り込み、立派な高層集合住宅、意匠を凝らした大邸宅、舗装された道路、新しい教育施設、飲食店、映画館といった都市の様相を手に入れた村や郷の物的な変化について、幾度も論じてきた。
・社会階層の変化や、かつては小農であったが今や所得のより多くを賃貸不動産から手にしている人々の確固たる共同体のなかで、ますます顕在化する「よそ者」（出稼ぎ労働者）にふれた。
・最後に、末端レベルでの選挙、それから、人々の自治や地元企業の利益を支える新たな権力構造の萌芽を示唆してきた。

また、中国の一部において、新たな都市形態が現れつつあり、本書では〝多心型都市圏〟と論じてきた。しだいに増すその都市の色合いにもかかわらず、多心型都市圏は、依然として農村の特性を部分的にもち続けている。ここかしこで、集約農業が工場や集合住宅に隣接して行われ、しかも、旧来の集団所有モデルは、「経済株式合作社」の形で存続している。本章の残された部分では、こうした大きな変化のふたつの側面により接近してみたい。ひとつは、末端レベルのガバナンスにみられる新たな試みであり、もうひとつは、都市周辺部——すなわち、徐々に市街地へ組み込まれつつあるような比較的大規模な都市の縁辺に位置する農村部——に特有な状況である。

末端レベルでの選挙の状況

グレゴリー・ガルディン（Gregory Guldin 2001）は、雲南省昆明の南に位置するある農村部の県で実施された選挙について、ありありと述べている。取り上げられているのは、村民委員会選挙であった。そうした選挙が認められる根拠は、一九八七年に全国人民代表大会を通過した法であった。

一九九九年一〇月、峨山［県］を訪問した際、村民委員会の建物は、選挙プロセスを推進する横断幕で飾られ、村の幹部が、一八歳を超えるすべての人々の普通選挙権、村民が進める候補者の選定過程、無記名投票といった骨子を説明していた［とガルディンは記している］。そして、大家族で構成される社会では「中国の特色をそなえた選挙」にしたがい、投票時には、家族の構成員を代表する家長に代理投票権が与えられた。たいがい、「実業家はおおかたの人たちより頭の回転が速いと人々に思われている」ため、地元の実業家も、村民委員会の主任や他の役員の候補者に推薦されている（93）。

そうした選挙は、中国農村部の九三万村にて慣例化している。中国史上初めて、村民は、選挙によってみずからの指導者たちを選ぶことが認められた（註10）。確かに、村の党書記は、依然として任命にもとづく職位である。しかし、少なくとも末端レベルでは、党は、もはや徹底した管理は行っていない。しだいに、村の党書記は、投票によって選出された村民委員会の役員と掛け合うか、もしくは党・国家の「二重性」の一形態として、そうしたリーダーたちと馴れ合いで行動しなければならなくなるであろう（註11）。このような選挙プロセスは、現時点では選挙が許されていない全国四万七、一〇〇郷・鎮の一部に、ゆくゆくは広げられるかもしれない気配さえある（278）（註12）。リチャード・レビー（Richard Levy 2003）は、広東省（中国にて、自治に対する運動がより早く開始された地方より一〇年ばかり遅れた省）の村レベルでの民主政治に関する論文にて、「党・国家は、言うまでもなく、こうした運動をそれに付随する選挙とともに発展させ、しかも支配と正当性のバランスを保持しようと、かなりの権威を付与し、資源を投入している。選挙とは、自治の概念ならびに投票行動を正当化することにより、それ自体、中国における政治的言説を変化させた。不十分ではあるが、村レベルの選挙は、漸増的に実施され続け、しだいに確固たるものになりつつある」と結んでいる（52）。

都市周辺部の状況

大都市を取り巻く農村部は、それ自体広がりつつあり、こうした都市の周辺部には強い関心が寄せられている（Webster and Muller 2002; Leaf 2002; Zhang, Zhao, and Tian 2003）。それは、いくつかの村からなる郊外であり、物的に、また行政的に、都市中心部と見分けがつかなくなりつつある。本章では、農村都市化の物語が随所にみられたが、おそらく目新しさは、そうした村が都市に組み込まれるプロセスであろう。

福建省泉州は、古くに栄えた貿易港である。その歴史を引き継ぐ都市中心部は小さく、一七平方キロメートルに約二五万人が暮らすにすぎないが、その行政区域は、いくつもの県に広がり、居住人口は――流動人口を加算しないで――六六〇万人に達する。一九八〇年以降、都市周辺部のいくつかの行政村では、離農が進み、実質的に都市化している。さらに最近、それらの一部は、十分に成熟した都市社区として、泉州市の市街地に編入されている。こうした村のひとつが津頭埔である。その党書記は、そのプロセスを次のように簡潔に説明している。

二〇〇〇年、村民委員会が居民委員会に変わった。なおその際、村民はまさに都市〝戸口〟を手にした。まだ、このあたりには約一〇〇戸の古い住宅があるが、多くは取り壊され、より高密度な住宅に換わった。かつてはひとつの区域であったが、今では四分割されている。ここに生まれ育ち、今でも暮らしている村民はおよそ一、五〇〇人である。また、他に五〇〇人程度の人々がここに住宅を買い求めている。村民のほとんどは、現在、商売をしている。ここは、事実上、今や都市中心部であり、もはや農業はなされていない。実際、この村の都市化は早くも一九七九年に始まり、一九八〇年代を通じて進展した。九九三年までに完全に都市化し、一九九八年にはその改造が行われた(Anderson 2003, 32)。

概して、サマンサ・アンダーソン(Samantha Anderson)が述べているように、村は工業化に着手し、そのプロセスのなかで、一般に、指定された工業区での工場建設や倉庫などの用途に応じ、その土地を売却しようとする。かつてない繁栄のなか、中庭型の伝統的住宅は、しだいに自力で建設された三階建ての住宅へ転換される。やがて、この村は都市中心部に組み込まれる時がきていると、市政府が判断するかもしれない。開発公司が設立され、古い村の住宅は取り壊されて集合住宅の街区になり、インフラストラクチュアの整備もなされる。最終的には、村民委員会は、「居民委員会」として新たな都市指定を受け、村民は都市〝戸口〟を手にする(ただし、そこで生計を立てている出稼ぎ労働者は除外される）（註13）。しかし、このプロセスの最終段階に関しては、省政府の認可を得なければならない（ibid）。場所によっては、こうしたプロセスが、かなりの利得を生むことになる。たとえば、東涂村は、二〇〇一年に都市部の社区になった。末端レベルのその居民委員会は、現在、開発公司を二社経営し、不動産開発に投じられた五〇〇～六〇〇万元を手にしている。

アンダーソンは、「津頭埔や東涂といった村は、物的に都市中心部とは見分けがつかない——もっとも、東涂は、歴史的な中心部からより離れている村のように、数多くの流動人口を抱えているが——。……村民は、出稼ぎの人々に、部屋や住宅を貸している。この付近への流入者は、都市で建設やサービス業、あるいはみずからの商売に勤しんでいる。そうした事情は、都市のより縁辺の村にて生計を立てている出稼ぎの人たち〈おもに工場労働者〉とは明らかに異なる」と記している（ibid）。

そうした「より離れた」村のひとつに、火炬がある。この村は、晋江〈泉州市を流れる河川名〉の南に位置し、泉州の都市中心部からバスで一五分ほどである。火炬は、まだ行政的には泉州市の市街地には取り込まれてはいない。二〇〇一年、一、六二九人の居住人口のほかに、おもに火炬工業区の寄宿舎で生活する五、〇〇〇人の正式に登録された流動人口がいた。しかし、この工業区には、二万人の労働者が勤めており、その大部分も出稼ぎの人々である。この村では、正式に登録された流動人口と登録がなされていない流動人口の総計が、この地に伝統的に暮らしてきた人の総数を、九対一で凌駕している。おそらく、このことが、火炬が都市部の社区として編入される特別扱いを今なお受けられない理由であろう。出稼ぎの人々は、「一時的な」人口とみなされる。

火炬は、工場へリースされたその元農地の使用料で、およそ二〇〇万元を得ている。中国の基準からすれば、そこは繁栄の地である。工業区には、飲食店、衣料品店、診療所、雑貨店、携帯電話販売店、写真館、婚礼衣装店、いくつかの装身具店、そしてビデオ・書籍レンタル店が軒を連ねる通

主要街路（2003年、福建省泉州市東美村）

りがみられる。厦門近郊の類似した村についても語られているが、まさに「今や、都市の人々のように暮らし、あらゆるものが手に入る。村は、ほとんど都市と言ってもよい」（Shi 1997, 149）（註14）。

中国は例外なのかといった問題

中国における数多くの物語と同様に、農村の変動という物語も未完である。環境へのその影響は、概して、凄まじくなっている。人間関係では、それは、中国官僚制度の末端レベルに広がる腐敗によって傷つけられてきた。より踏み込んだ民主政治の展望については、村レベルの選挙をさらに郷レベルへと拡大することが、当該職位に据えられてきた党の〝特権層〟に激しく抵抗され、閉ざされている。それは、殺伐とした地方主義を強め、何よりも物質的価値が尊ばれる。ひとつ願われるのは、こうした「原始的蓄積」の段階が、まもなく、ある程度の市民による秩序が改めて導入されるような、よりバランスのとれた変化のプロセスに引き継がれることであろう。

まさに論点は、なぜ、〝その場〟での都市化がそれほどまで急速に起きたのか、また、どうして中国でのみ生じたのかである。実質的に、開発途上世界の他のどこにも見出せない。他の国々においては、国際的な援助機関や現地ＮＧＯ（非政府組織）が、開発から見放された村へコミュニティ開発の理念や手法を導入することに奮闘しているが、概して徒労に終わった。そうした社会的に動機づけられた事業は、経済基盤を欠き、しっかりとした足がかりがほとんどみられない。中国では、誰もコミュニティ開発を語らない。コミュニティ開発に関する文献は多数あるが、それらが取り扱っていない手立てでものごとは起きている(註15)。力強いローカル・レベルのリーダーシップがある。企業家精神がある。党と末端の現場が共同事業に参加することを可能にする組織的なつながりがある。ひとつの営利会社として、村全体を結束させていく創意に富む方途がある。よそからの投資家は温かく迎えられるものの、地方の貯蓄率は、世界的にも最高水準である。

確かに実在するそうした偉業は、世界中の村の羨望の的になるであろうが、その先駆けは、毛沢東思想が中軸をなした時代にみられた。それは、集団主義とともに、農村の副業やローカル・レベルでのリーダーシップの育成を長きにわたり実験してきたひとつの成果である。今日の「絶えず変化するランドスケープ」は、中国農村部における農業集団化から大躍進まで、毛沢東による数多くの大きな政策的失敗に端を発するプラスの帰結である。農村工業は、毛沢東のもとで動きはじめたが、中国の最優先事項は食糧の自給自足という誤った判断によって発展を妨げられた。しかし、いったん重石がはずれ、集団所有制企業、私有企業の振興が認められると、そのようになった。

本章では十分に取り上げられなかったが、本質的にこうした都市への変貌という物語の一部分は、農村から都市へ、あるいはこのように進行している長編小説の構成要素である急速に様相が都市化する鎮や村への大規模な人口移動である。これは次章の主題である。

第四章

新たな空間的流動性

流入してきた人々に概して敵対的な都市住民の姿勢、そして、人々に生活や就業の場所を自由に選択させることを渋る政府を考えれば、中国の農民が自然の成り行きでそれぞれの村に「定着」しているのではないことは、世界の他の農家と変わらないことを、改めて思い起こすとよいかもしれない。また、都市へ向かうことが、暮らしの先行きを明るくする方法であることを、彼らが最近になってやっと見出したのでもない。歴史的に、中国の人々は、進取の気概に富み、極めて流動性が高い。一九世紀半ばから、数多くの中国人が、特に広東省や福建省から東南アジア、オーストラリア、カナダ、アメリカへ移住した。彼らの子孫も加えた総数は、数千万人になる。また、新たに工業化が進む上海や商業中心地の漢口のような中国の都市へも、多数の人々が流れ込んだ。

一八〇〇年には、上海から一、〇〇〇キロほど流れをさかのぼり、長江と漢水の合流点に位置する漢口は、すでに大いに栄えた水運港であった。その人口は、およそ一〇〇万人に達していた。さらに五〇年間、人口は増大し続け、おおよそ一五〇万人に達している——当時、漢口は世界でも最大級の都市ということになる——。しかし、太平天国に起因する荒廃は、人口の劇的な減少につながった。ただ、この都市は、その世紀末までにはかろうじて立ち直っていた。ウィリアム・ロウ（William Rowe 1989）は、漢口を、滞留者と外来住民の都市と論じている。移動性の高い人々に関する彼の研究は、今日の中国における都市の人口流動性との数多くの類似点を明示している。彼は、漢口の移動性の高い人々を、三グループに分けている（214-23）。

・政治暴力、強奪、洪水、飢饉のような惨事によって農村から追いやられ、留まるようになった人々。たいてい、このグループは、読み書きができない農民からなる。
・おもに漢口の後背地から引き寄せられた人々。彼らは、ある程度永続的に都市に滞在しようとした。ロウは、こうした人々を滞留者と呼んだ。上述のグループに比べて、その多くは、定期的にもどるつもりの耕作地を有していた。都市においては、彼らは、おもに未熟練労働者、熟練工、零細な商人として働いた。
・みずからの向上や豊かさを求めて漢口に来た移動性の高い人々。このような向上志向をもつグループの多くは、商人や遠距離取引を手がける卸売商である。なかには、官職を望む有識者もいた。社会的下層については、この都市のにぎやかな港に集まる何千人もの船乗りがいた。

ロウは、ヨーロッパの多くの大都市のように、漢口はみずから次世代を生み出すことができず、その生き残りと繁栄のために外来住民を必要としたと論じている。この移動性の高い人々で構成される都市では、男性が女性に数で二対一とまさっていた。必然的に、出生率は低かった。なお、死亡率については、伝染病がこの都市を定期的（特に毎年春の洪水後）に襲ったため、高かった。

中国のさまざまな地方から集まり、いろいろな方言が話されるにもかかわらず、移動性の高い人々は、この多言語都市にて、たがいに比較的平穏な生活を送った。この土地に起源がある人々は、ひとつの秩序原理としての役割を果たしていた。一般的に、移動性の高い人々は、相互扶助や保護が得られる、特定の方言・文化等を共有する人たちが形成する集住空間に暮らした。また、その方言・文化等によって、多くの職種（熟練工、船乗り、人足、行商人）が見分けられた。やはり、しばしば、「地元の人」か「よそ者」かの識別がなされ、後者は強い疑いの目で見られた。

全体的にみて、一九世紀の漢口のイメージとは流動性であり、新たな流入者の——それぞれが生まれ育った土地との変わらぬ強い絆を有しながらの——平和的な取り込みである。この都市はおおまかにとらえると、社会階層においては、社会秩序にも部分的に責任を負った大商人、中間層である商人や熟練工、そして膨大な都市最下層民に三区分された。「よそ者」と呼ばれた人々（おもに都市の外来とはいえ住民）は、この都市に道義上の要求もせずに、最下層の一部分をなしていた。あいにく、こうした公平性を欠く識別がなされた根拠についてはわからない。

漢口は、商業や貨物積み替えだけでなく、主要な工業中心地へと発展を遂げたことにより、この都市に出入りする人々の流れは、二〇世紀前半を通じて止まなかった。革命、内戦、そして日本の侵入にともない、ここに避難する人々が増大した。そうした人口流入は、中華人民共和国の成立、さらにその急進的な政府が、一九五〇年代半ば、とりわけ大都市への人口移動を抑制するために厳格な戸籍登記制度を強いた時でさえも、まさに一貫して続いた。

戸籍登記制度の起点と展開

生産資源が国家によって割り当てられ、最終生産物（食糧、住宅、衣類など）が配給制を通じて分配されるソビエト式の経済には、労働力を含めて、商品市場は存在しない。それゆえ、共産党が政権を手にするや、農民や労働者を特定の作業に、ひいては特定の場所に割り振る強硬策を取ったことは、驚くにはあたらない。一九五四年憲法の第九〇条は、公民に居住地の自由を保障していたが、そのまさに同年、内務部・労働部の指示において、「農民の盲目的な都市流入の制止」が、明確に打ち出された。「盲流」（盲目的流動）という用語が、農村からの出稼ぎ労働者を論じる際に広く使われた。程鉄軍&マーク・セルデン（Cheng and Selden 1994, 654）によって解説されているように、「盲流（mangliu）」は、「ならずもの」を意味する『流氓（liumang）』の語順を入れ換えたものと同音であり、議論全体の雰囲気を醸し出している。これより、農村から都市へのすべての人口、労働力の流れが、国家によって決定されるようになる。

こうした指示が出された背景のひとつには、都市化の費用、すなわち、社会主義イデオロギーのもとで何ら生産的ではないとみなされ、しかも民間部門を欠くなかで政府がことごとく負担しなければならない費用に対するプランナーの懸念があった。事実上、中国は閉鎖経済であり（特に一九六〇年の中ソ対立以降）、極度に資本が不足していた。人口は増加の一途をたどり、この膨れ上がる人口をまかなうだけの食糧生産が、最優先事項のひとつであった。それでも、一九五〇年代を通じて、新たに設立された国有企業は、農村からの労働力を大量に取り込んだ。そして、こうした労働者のほとんどが、その家族を連れてきた。中央政府のプランナーは、こうした趨勢に大いに当惑した。程鉄軍＆マーク・セルデン（Cheng and Selden 1994）は、次のように記している。

一九五七年一一月二七日付の『人民日報』は、都市に家族を連れてくることで、住宅、保健医療、食糧補助金、さらには都市インフラストラクチュアといったかたちで政府に諸費用を吹っかけてくる労働者のやり方を嘆いていた。その記事は、一九五〇年から五六年末までに、農村から約一五万人が仕事を求めて北京に出てきたが、その住民となった労働者本人が、さらに二〇万人の扶養家族をこの都市へ連れてきたことを明らかにしていた。張慶五は、一九五三年から五七年に都市へ流入した二五〇万人の労働者とその五五〇万人の家族に必要な都市住宅の建設費を、四五～五六億元、ひとりあたりでは四五〇～七〇〇〇元と算出した。これは、一九五六年の中国の全工業投資額の七〇〜八〇％に匹敵した。しかも、この総計には、そうした都市流入者への食糧、教育、保健医療等の諸費用は含まれていない（661）。

人口の移動については、公安・行政管理制度の強化がはかられ、一九五五年六月二二日、国務院が「経常的な戸籍登記制度を設立することについての指示」を通し、周恩来総理がこれを支持した。中国における集団化を眼前に、この指示は、本格的な〝戸口〟制度を正式に起動させた（ibid., 655）。戸籍登記は、二種類に分けてなされた。個々に登記された都市世帯は、非農業〝戸口〟を手にした。しかし、新たに集団化がはかられた農村では、それぞれの合作社が、その構成員を対象に集団登記にのみ応じた。実用的には、合作社（ほどなく人民公社）は、農民家庭には的を射た「戸籍」とみなされた。したがって、その集団（行政村や郷）を離れ、都市へ向かうことは、ほとんど不可能となった。一九六一〜六三年、二、六〇〇万人の都市住民――その多くは、一九四九年以降、就業のために都市へ流入していたもの――が、農村へ送り返され、その結果、都市人口の割合に（一時的な）純然たる落込みが生じた。

この新しい登記制度は、官僚的な効率をもって実施された。たとえば、都市と農村というように異なる戸籍間の夫婦の場合、都市〝戸口〟をもつ者は都市に暮らせるが、その配偶者（およびすべての子供）は、農村に暮らし続けなければならなかった。同様に、年老いた農村の両親は、都市の子供に合流することができなかった。そして、食糧をはじめ生活必需品が配給になり、しかも、配給券がそれぞれの登記された居住地でのみ換えられるとなると、郷里から離れて長期にわたり生活していくことは、ほとんど不可能であった。

中国の人口を、このように、特権を有する少数の都市に暮らす人々（約一七％）と搾取される大多数の農村に生活する人々（約八三％）に分断したことが、事実上、二階層社会の形成につながった。農村に暮らすということは、厳しい労働と貧困の日々を送ることを運命づけられた。都市に住まうということは、補助金漬けの食糧や燃料、住宅、教育、保健医療、さらには修養の機会を含めた優越的な権利をもつことであった――それらすべてが、中国の農民には与えられなかった――。したがって、千載一遇の好機とは戸籍登記制度の所産であった。この制度の背後にある論理は、中国の都市に基盤をおいた産業革命は、食糧生産から剰余を引き出し、最重点事業に労働力を大規模動員することによってのみ成し遂げられるというものであった。この国は、都市への累増する人々を吸収して都市化するわけにはいかないと言われた。新たな住宅や社会的インフラストラクチュアのための資金を欠いていた。王豊（Feng Wang 1997, 152）は、あたかも万里の長城が、都市と農村の間に築かれたかのようであったと記している。〝戸口〟は、そうした長城で仕切られた各域内の移動、さらにはこの長城を越える移動のためのパスポートになった。そして、戸籍登記制度はねらい通りに、比較的良く機能した。王豊は次のように述べている。

戸籍登記制度により、中国は、人口移動の抑制に顕著な成果を収めることができた。……国民所得に占める非農業生産の比率は、一九六二年の五二％から七八年には六四％へと高まったが、都市人口の割合は、ほとんど変化しなかった。中国は、「都市化なき工業化」と呼ばれてもよいプロセスを経験した。一九八二年まで、都市に分類された人口の比率は、一九七〇年の一七％から二一％へと、非常に緩慢な伸びに留まった。そして、その都市部［都市行政区域］（市および鎮）に居住する人々の約七〇％は、非農業戸籍を有していた。換言すれば、中国の全人口のうち、わずか一五％程度が都市の非農業戸籍を有するだけであった（155）。

マクロ経済の観点からは、それはあまり効率の良い制度ではなかった（註1）。そして、一九七八年末からはじまる改革にともない、移動に対するそうした制限は、しだいに――まさにじわじわと――緩和された。下放されていた若い人々は、生まれ育った都市へ戻ることが認められた。異なる〝戸口〟のために引き裂かれてきた夫婦は、都市部での再会が可能になった。そして、年老いた農村の両親は、都市の子供に合流することが認められた。さらに重要なことは、農村では集団化が否定され、農業生産が、新たに「農家経営請負制」のもとでなされた。これは、食糧生産から果物や小家禽のような一段と高価な農産物への転換を可能にするだけでなく、前章に述べたあたふたとした農村工業化も引き起こすものであった。しかし、戸籍登記制度の最初の実質的な改革は、国務院が農民に県政府所在地レベルより下級の小規模な鎮（〝集鎮〟）への流入をはじめて許し、しかも、その際、農業〝戸口〟から非農業〝戸口〟へ転換することを認めた一九八四年までなされなかった。

この改革により、生まれ育った村に事実上封じ込められていた農民が「見事」に解き放たれたため、五年後には、慌てた国務院が、非農業〝戸口〟を出す際の割当て制度を設けた（Wang 1997, 159）。だが、もう後戻りはできなかった。とかくするうちに、中国はしだいに市場経済へ向かい、都市〝戸口〟さえ、約六、〇〇〇元から末端で売買されはじめた。アンダーソン（Anderson 2003）は、泉州のような沿海都市では、一〇万元以上の値がつく都市の集合住宅に投資することで、三人分の都市〝戸口〟を入手できると伝えている。さらに、いわゆる藍印（青色）〝戸口〟の上海での相場は、じつに一〇〇万元にも上り、それは一〇〇平方メートルの外国人向けに価格設定された邸宅を購入することであった（Wang 1997, 161）。

都市〝戸口〟とは、「天にまで駆け上る」ものかもしれないが、合法的に移動するだけでも、多額を要することであった。沿海部で仕事を得ようとする人は、郷里を離れる前に、身分証、未婚証と出生証またはそれらのいずれか一方、他所での就業許可証、所轄の公安当局からの無犯罪証、若い女性の場合は計画出産証など、さまざまな（通常、費用のかかる）文書を手に入れなければならなかった。また、そうした人々は、列車やバスの切符を買い求め、最初の賃金が支払われるまでの出費をまかなうだけの、さらにはもし仕事が見つからなければ、帰りの切符を手に入れられるだけの所持金も必要とした。一九九〇年代初頭、これらの費用は、おそらく数百元に達していた（Chan 2002, 187n.54; Guldin 2001, 239）。正式な文書を揃えることなく、運を天にまかせ、願わくは公安に捕えられて郷里に送り返されることがないようにというのは、明らかに、手数がはるかにかからず、間違いなく安上がりであった。

戸籍登記制度については、次の大きな改革が二〇〇一年後半になされ、国務院は、農業〝戸口〟の人々に、小都市や建制鎮への流入と、それまでの登記から新しい非農業〝戸口〟への切換えを、安定した職と法にかなった都市での住まいを手にしていることを条件に認めた（Wang 2002）。政府は、まだ居住地に関する制限を撤廃してもよいとは考えていなかった。それよりむしろ、人口移動を都市ヒエラルキーの最下位（人口二〇万人未満の小都市や建制鎮）へ導こうとした。もっとも、鎮が行政的な都市に区分し直され、小都市が中都市にまでなりしだい、どちらももはや適当な人口の移動先ではなくなるであろう。あるいは、ややもすれば、そうした都市ヒエラルキーにおいて数段高いレベルへ移ることが許されよう。この新しい規制では、引き続き制限を行うことが、ますます困難になるであろう。なぜなら、多くの建制鎮や小都市は、実際には大都市の行政区域内にはいり、つまるところ、いかに〝都市〟が定義づけられるかの見極めといった問題に、完全になってしまうのである（註2）。

絶えず流動する中国

一九八〇年代半ばより、数千万人の「農民」が、沿海部の都市やその郊外、さらにはそれらを取り巻くいくぶん農村的なところや農村部へと押し寄せた。実際のところ、どれだけいるのか、確かなことはわからない。樊傑&ヴォルフガング・タウプマン（Fan and Taubmann 2002, 184）によると、おおかたのところ、一九九〇年代後半には六、〇〇〇～八、〇〇〇万人あたりとみられており、そのうち、およそ五、〇〇〇～六、〇〇〇万人が都市縁辺部を含む都市部へ向かったとされる。特権を手にしている都市住民にとっては、周囲にこのようなよそ者が現れたことは、いわば侵入されているようで、そうした農村からの見慣れない「群れ」が、みずからのこの上なき優越的な権利を脅かしているように感じられた。都市の当局者も、流入してきた人々を――その多くは公安への登録を怠り、それゆえに、彼らの存在は不法なものとみなされ――脅威ととらえた。はたしてどれくらいの数なのか、さらに言えば、どこに住んでいるのか、どこから来たのかさえ、誰にも明確にはわからなかった。そして、中国の関係機関は――どこでもそうであるが――、事実上、政府の手が届かない、すなわち官僚の目からは「制御不能」なほどの人口規模ではないかとひどく恐れた。

生まれ育った土地を離れ、どこか知った人のもとへ向かったそうした人々を、どう呼ぶのかさえ、はっきりしていなかった。ドロシー・ソリンジャー（Dorothy Solinger）は、新たな流動性に関する非常に優れた書籍のひとつを著しているが、その不確かさを物語るような表現を用いている（1999）。彼女自身の言葉遣いのほかに、中国語から直訳されたものもみられる。都市に住むおおかたの中国人は、そうした人々を、流動人口――あるいは、簡潔に「流民」――という。ほかに、「盲流」という呼び方もある。都市の当局者は、より中立的に、「暫住人口」と称している。ソリンジャー自身は、「短期滞在者」「滞留者」「浮浪者」「放浪者」といったさまざまな呼称を用いている。これらの表現の多くには、そのような言葉遣いをする側の否定的なニュアンスがある。地元の共同体に属さない人々は、おうおうにして古くからの住民と同じようには信用されない。そして、よくわからないという状況のなかで、そうした人々については、すぐさま固定観念化するようなまことしやかな話がされやすい。ヨーロッパのジプシー、メキシコ国境を越えてアメリカへ潜り込んだ非登録流入者、あるいは、さまよえるユダヤ人というお定まりの登場人物のように、彼らは、根無し草の人々とみなされた。中国の詩にみられるように（Solinger 1999, 256）、「彼らは、定まった住居もなく暮らし／足跡を残すことすらなく旅し／みずからの身元を明かすことなく、名も伏せ／都市から郊外に散らばる」。

今日、中国において流民は、一九世紀のイギリスにて大いに懸念された「危険な階層」にほかならない。したがって、彼らは、厳重に監視されなければならないが、いっそのこと、出身地がどこであろうとも帰郷させる方がよい。そして、実際に、数多くの人々が帰った――自発的なものもみられたが、各種証明書の欠落や無職を理由に、公安に捕えられ、帰郷させられた人々もいた――。近年では、上海が約一〇万人の「流民」を送り返した(Unger 2002, 129)。また、北京市当局は、注目される国際的な会合に先立ち、特定の方言・文化等を共有する人々が形成する集住空間を定期的に一掃してきた。新たな流動性が現在の都市階層の形勢のみならず、社会秩序も脅かすとみられているようだ。ソリンジャーは、次のように手際よくまとめている。

したがって、農民が都市の人々に象徴的に示したのは、都市住民がみずからの生得権と考えてきたこと、とりもなおさず、都市の公共財のレジームが――特権的な都市生活の便益は住民のみ享受しえたということからすれば――、過渡期にあり、斜陽化しているとの方向性であった。それで、流動する人々は、同時に生じた市場の隠喩になり、既得権への彼らのもっともらしい挑戦が、おそらくさらに重要なことがら――計画経済をもとにした行政系統の弱体化、ならびに、新しい経済活動のモデルにみられる彼らの真の貢献――よりもはるかに注目された。市当局においても市場への移行が進展したとはいえ、流民自身のありふれた日々の営み――みずからの仕事に精を出し、市で売り買いして、何とか生き抜くこと――が、そうしたプロセスを推し進めた(Solinger 1999, 145-46)。

なお付言すると、大多数の都市住民が、新たに流入してきた人々と直接に出くわすことはまれである。そうした流入者は、都市縁辺部やさらにその外側で、目立たぬように暮らしていることが多い。さもなくば、彼らは、目につかないほどに霞んでしまう建設現場や、一日に一二時間も機械につなぎ止められる工場で生活をしている。それでは、都市の人々は、まさにどのようにして彼らに気づきはじめるのであろうか。なお、北京郊外の浙江村という特定の方言・文化等を共有する人々が形成した集住空間といった場所(Zhang 2001)、あるいは泉州の近郊にて(Anderson 2003)、出稼ぎ労働者に非常に近接して暮らす人たちは、まったく異なった印象をもつ傾向がある。彼らは、流入してきた人々を、貸室ビジネスを展開する際に同胞と考えている。あるいは、その地でみずからの小規模な商売をはじめ、ことによるとかなりの雇用を提供し、しかも地元の商店においては歓迎される顧客となる同胞とみている。戸籍に関して適切な登録がなされているかどうかは、公安が考えることであり、近隣住民のあずかり知るところではない。

流動者のタイプ

流動人口のいかなる推計も疑わしいとされる理由は、いくつかある。

(1) 誰が出稼ぎ労働者なのか、また、勉学、商売、私的訪問といった他の理由で、誰がある場所から他の場所へ移動しているのかなどに関して、明確な基準がない。
(2) しばしば、同じ流動者を別の時点で何度も数えている。
(3) 流動する人々を、期間ならびに距離によって、区別していない。
(4) 登録がなされていない流動人口の緻密な推計ができない。

同じ流動者あるいは流動世帯が、適職やそこそこの生活を求めて、転々と移動することがある。全国のさほどなじみがない土地へ挑む前に、まずは生まれ育った村に近い鎮へ流入する者もいよう。そうした人々は、〝逐次型〟の流動者と称することができよう。次に、しばらくして、いずれまた出かけるために、生まれ育った村へ戻る人々もいる。彼らは、〝反復型〟の流動者と呼ぶことができよう。さらに三番目の流動者グループは、収穫期もしくはそれに類する定期的行事に帰郷する人々である。彼らは、〝周期型〟の流動者と言えよう。また、四番目のタイプは、流出していた人が、長らく不在であった後に、みずからの商売を始めるため、もしくは身をひくためにに、郷里の鎮や村へ帰る場合である。これは、〝帰還型〟の流動者とみることができよう。そして最後に、都市に踏み留まろうと出て行く人々がいる。彼らは、〝恒久型〟の人口移動を創出している。

一九九三年の七省における農民の世帯流動状況に関する研究で、ハイン・マリー（Hein Mallee）は、調査世帯の多く――世帯数では全体の四七％（N＝二、七八六）、人数では六八％（N＝六、七三五）――が、同じ場所で暮らし、働いていることを見出した。調査世帯数の二二％は、村に住み続けているものの、少なくとも家族の一人が近くの郷で働いていた。わずかに三・一％の世帯だけが、一年を越えて故郷を留守にしていた家族がいた（調査人数の一・六％）。半年から一年間、村を離れていたのは、四・〇％であった（人数では二・二％）。そして、より短い期間、不在であったのは、調査世帯数の四・五％、人数では二・三％であった（Mallee 1997, 285）。

マリーの報告にみられる精緻な百分比は、上述の調査に限られたものであるが、故郷を長期にわたり離れる人々が意外にも少なく、この研究から浮かび上がる全体像は、農村部の相対的安定性といったものである。もうひとつの重要な知見は、調査世帯のそれなりに多数が、少なくとも家族の一人が村外で稼ぐ状況であったにしても、世帯数の五分の一強が、生まれ育った村の上級にあたる郷で職を見つけていたことである。したがって、そうした人々は短距離の流動者であった。残り五分の一は、単に通勤であった。

ガルディン（Guldin 2001, 227）は、スコット・ロゼール（Scott Rozelle）による一九九五年の推計（未刊）を引いているが、それによると、全国で一〇人に一人の農民が郷里から離れて職を見つけていた。この推計の精度がどのようなものであるにせよ、そうした農民が、みな遠い場所へ流れたとは考えられない。もしマリーの調査が、中国農村部の全域にわたって、流動する人々の状況を概ね示しているなら、農民人口のこの一〇分の一のうち、多くは、実際には生まれ育った村の近くの郷で働き、〝恒久型〟の流出者と考えられるものはほとんどいなかったであろう。おそらく、大部分は、周期型か反復型の流動者ととらえられよう。また、村外へ複数の者を相次いで働きに出した世帯――ひとりの娘もしくは息子が戻ると、別の者が立身出世のために送り出されるようなこと――もあったかもしれない（註3）。

就労流動者の職種

農村部からの流動者の大半が、結局は、いわゆる「三K」（危険、汚い、きつい）の仕事に落ち着くことが広く認知されている。これは、ひとつには、彼らが都市〝戸口〟の人々ほどの教育をたいていい受けられず、より高賃金な仕事に求められる技能を概してもっていないことによる（註4）。さらに、ますます、ある種の仕事が、膨れ上がる失業中の法的に地位を守られている都市住民に「取りおかれ」ている。多くの出稼ぎ労働者は、中小規模の家内企業で働いているが、なかには、共同出資による主として輸出向けの比較的大規模な製造工場に勤め口を見つける者もいる。多くの男性は、建設業界で働いている。若い女性は、一般的に、衣料分野やエレクトロニクスの組み立て工場に職を見出すが、新興の富裕・中流世帯で子守りに就く者もいる。さらにやり手の人たちのなかには、おもに他の流動者を相手に、美容院や飲食店などの小商いを首尾よく始める者も見られる――もっとも、ひと握りの人々は、より上流層の市場に関わっているかもしれないが――。恵まれない人々は、屑拾いや廃品回収者になっている。少数の人たちは、もはやみずから田畑で働く必要がないまでに収入が多様化している現地の農民と下請け契約を結び、農業に引き続き従事している（Solinger 1999, 206-38）。

中国経済がますます技術集約型になり、未熟練労働者の仕事が減退するにつれ、何が起きるかは、誰にもわからない。ドロシー・ソリンジャーが論じているように、WTOへの中国の最近の加盟にともなうこうした変化のいくつかは、時に二億人とも推計される中国の農村「余剰」労働力問題を軟着陸させられるかもしれない。これは、グローバル経済における中国の新たな比較優位を反映し、沿海地域がその職務を高度化させるなか、労働集約型産業が中国内陸部へ移るようなかたちで生じよう（Solinger 2003；（註5））。しかし、このような労働集約型職種の地域的転移は、おそらく貧しい農村世帯のニーズを満たすには不十分で、そうした人たちは、引き続き比較的大規模な沿海部の都市へと向かい、インフォーマル経済のささやかな商いやサービスで稼ごうとするであろう。

流動者の労働条件

出稼ぎ労働者は、どのような仕事に就いていても、搾取されるか、独力で働いていれば、自己搾取（self-exploited）にあることに、疑いの余地がない。極めて長時間にわたる労働であり、たとえ報酬が支払われるとしても、それは最低賃金を下回る。若い女性であれば、時に性的虐待を覚悟することもあろう。さらには、化学ガスのような危険性の高いものに、事実上、何ら防護策が講じられないように、職場の衛生状況には、しばしば違反が見られる。過労あるいは病気で倒れると、即座に解雇されうる。他にも、契約期間（どこでも概ね一～三年）をまっとうするように、彼らの身分を証明する文書が取り上げられることがある。多くの人々は、工場が管理する狭苦しい（小部屋に六人の女性あるいは男性を詰込む）寄宿舎に収容される。そして、彼らの不平が何であろうと、労働組合という手立てもなければ、何が起きようとも、たいてい労働者に反して雇い主を支持するであろう公権力も頼みの綱にはならない。要するに、若い（しかも特に女性の）出稼ぎ労働者は、中国の産業革命において使い捨て要員である。

陳佩華（Anita Chan 2002）は、一九九〇年代初頭に全焼した深圳の工場にて若い女性たちが受け取った私信にあたっている。致麗玩具という香港に本拠を置く会社の工場から出火した際、戸にはかんぬきが掛けられ、窓には格子が施され、さらには出口が塞がれていたために避難できず、八七人の女性が非業の死を遂げた。友人や親族（ほとんどは、他ならぬ出稼ぎ労働者）から受け取っていた何百通もの手紙が、後日、黒焦げになった遺物の中から発見され、これらの選集が陳佩華の胸を引き裂くような報告のもとになっている。多くの初めて出稼ぎに来た人々は、みずからの「権利」（賃金水準、勤務時間など）について知らされていなかったことがわかっている。しかし、たとえ現に行われているやり方について知っていたとしても、おそらく大きな問題とはならなかったであろう。なぜなら、そうしたことに対してはっきりと声を上げるような人は誰もいなかった。また、仕事に就きたくてたまらなかった。中国の法定労働時間は、一日八時間である。しかし、たいていの若い女性は、一二時間シフトで働き、急を要する場合には一八時間まで延長された。休日は、二〜三週間おきであったかもしれない。そして、賃金は法定の最低限度を下回り、支払いは不規則であった。陳佩華は、次のように記している。「賃金がとぎれとぎれに支払われるので、労働者は互いによく尋ね合った。〝まだ支払われてないね〟。いつもの返事は〝まだよ〟。通常、賃金は支払われているどころか、借用されていた。次のような例を見てみたい。〝私たちは［やっと］賃金がもらえたの。一二月分を三月一五日に。一四〇元よ。一〇〇元は、郷里へ送ったわ〟」(Chan 2002, 167)。ちなみに、深圳の法定最低賃金は、当時、二八〇元であった。また、広州市では、二三〇元であった。

未熟練労働者が際限なく供給されるかぎり、こうした労働条件は止まないであろう。二〇〇二年、泉州では、まさにそのような状況が依然として広くみられた(Anderson 2003)。陳佩華が引いている先の手紙から一〇年、泉州の「農村工業」の初任給は、およそ三〇〇元(三六米ドル)/月であった。しかし、そうしたごくわずかな金額でさえ、労働者がどれほどひどく扱われようとも辞めることがないように、数ヵ月間、与えずにおかれることがある(註6)。より慣れた労働者は、この金額の二倍まで手にすることもあるが、時給では、相変わらずせいぜい二元/時、すなわち一日の作業で二四元(一二時間労働で二・八五米ドル)程度である。この収入で、一ヵ月に少なくとも三〇〜六〇元は、寄宿舎で他の五人の労働者と寝起きする相部屋の寝台に、およそ一〇〇元は食費にかかる。なお、現地の村人からひとり部屋を借りると、二〇〇〜三〇〇元/月程度かかるかもしれない(Anderson 2003, 49-53)。明らかに、普通の工場労働者は、そうした贅沢をする余裕はないであろう。

むろん、泉州において、すべての人が熟練を要しない単純労働者というわけではない。都市中心部では魅力的な若い女性が、最高一、〇〇〇元で、洗髪(半時間ほどの首や背のマッサージを含む）スタッフとして美容院に勤めている。さらに、南俊路の定評のあるトップ・レベルの美容師ともなれば、三、〇〇〇元を超える収入を手にすることがある。また、なかには、みずからの事業を営む流入者もみられる（註7）。

それにしても、大多数の労働者は、毎年春節〈旧正月〉に帰郷――「中国の半数」が、たくさんの贈り物や現金を手に帰省――するためだけでなく、郷里に残してきた家族へ定期的に送金するために、必死に貯蓄しようとしている。グレゴリー・ガルディン（Gregory Guldin）に、広東の村人は、デルタ地域の工場にいる親族から少なくとも一〇〇元／月を

工場労働者のための新たな寄宿舎（2003年、福建省泉州市東美村）

受け取ると語った。さらに高給の建設作業員の場合、送金額が三〇〇元／月まで伸びるかもしれない（Guldin 2001, 237）。人々を送り出している省での農村世帯のその日暮らしの状況を考えると、こうした金額は無視できない。ソリンジャー（Solinger 1999）は、ふたつの省について、総額を算定しようと試みている。

一九九〇年代前半、最も一般的な報告は、省レベルでの集計で、数十億元の送金といったものであった。たとえば、一九九四年、省外に仕事を見出した五〇〇万人を超える湖南省の農村余剰労働者は、約五〇億元の収入を郷里にもたらした「労働者ひとりあたり一、〇〇〇元未満で、不合理な金額ではない」。ある報告によれば、一九九三年、安徽省も同数の労働者を送り出し、七五億元も得ていた。こうした数字が正しければ、湖南省から流出した人々による貢献は、その年の省内総生産の約三％に達し、安徽省では七％であった（190-91）。

まさに、出稼ぎ収入は、血と汗の結晶である。大部分の出稼ぎ労働者の非常に切り詰めた生活は、詳しく記述されている。それにしても、上述のような数字は、年によって、あるいは季節によってさえも異なってくる、せいぜい「当て推量」である。「正確」な金額が何であれ、おそらく、それは省レベルでは相当なものになり、人々を送り出している郷里の共同体レベルでは、なおさら価値のあるものであろう。家族をどうにか扶養していくことが、人々が離郷する主要な理由である（註8）。

流動者が形成する集住空間

あたかも、西側諸国の大都市において、海外からの移住者が到着しだい、チャイナタウン、リトル・イタリア、リトル・サイゴンや、（ロサンゼルスにもあるような）コリア・タウンを形成し、群居する傾向が見られてきたように、中国の大都市への数多くの流入者も、それぞれが認識する民族性、生まれ育った村、地域にしたがい、みずからを類別している（Fan and Taubmann 2002）（註9）。ただ、彼らはまったくの「中国人」、いや、それどころか「漢民族」であるかもしれず、中国で「民族性」によって——すなわち、言語、衣服、食習慣、さらには宗教によって——人々を識別しても、あまり有用ではない（註10）。特定の方言・文化等を共有する人々が形成する集住空間は「村」と呼ばれ、なかには流入してきた人々の出身地の省名を前に付けているものもある。たとえば、北京には、そういった河南村、安徽村、新疆村、浙江村などがみられ、それらに住んでいる人々は、みずからを〝同郷〟、すなわち同郷人とみなし、職探し、地方政府との闘い、自分たちの問題解決に関して、相互扶助の態勢がいつでもできている。

〝村〟という言葉は、いささか誤解を招きやすく、樊傑&ヴォルフガング・タウプマンは、

「それは、流入者によって形成された自然村ではなく、たいていは都市周辺部にみられる集住空間である。数千人、数万人という一時的な住民がなすこうした〝村〟は、既存の四〜五自然村、さらにはいくつもの行政村にさえ広がるかもしれない」と記している（188）。中国全体の公式データによれば、一九九七年、流動人口の約四〇％は賃貸物件に住み、三〇％は会社の寄宿舎で生活し、そして一七％は建設現場に寝泊まりしていた（187）。こうした数字は、正式に登録された流動人口についてだけである。なお、一九九五年一一月、一時的な流動人口のわずか四〇％が公安に記録されているにすぎなかった。その他の人々は、当局に見出されないでいられる自分たちの「村」に姿を隠していた。

離郷している大多数の人々は、その流動性が非常に高く、都市当局は、彼らの流入・流出をチェックすることができない。循環的な人口移動が広くみられ、多くの出稼ぎ労働者は収穫期もしくは春節に帰郷する。そして、そうした不在中、たいていの大家は、所轄の住宅部門に届け出ることなく、他の者に空き部屋を貸している。さらに、相当数に及ぶ地方の当局者が賄賂をすぐに受け取り、違法行為を大目にみている（186）。流動者の暮らしを極めて細部にいたるまで監視することができない末端での苦悩にふれ、張鸝（Li Zhang）が述べているが、「すべてを包み込むような凝視はない」（Zhang 2001, 212）。これは、すでにどの流動者も気づいていることであり、むろん官僚を憤激させている。

地方政府をかわす流動者の巧妙さは、ある部分、さまざまな官僚機構の対立する利害に起因している。都市の労働部門は完全雇用を望み、流入する「よそ者」の数を制限しようと試みるであろうが、商工業部門は、所得創出にむけて、みずからの事業に取り組む流入者を支援しようとするであろう。なお、郷政府や村民委員会においては、流動者が地元の飲食店で食事をし、地元の工場で労働しており、彼らに部屋を貸している住民は言うまでもなく、外来の人々により気さくに接する傾向があろう。北京にて、流入してきた人々が形成した村のなかでも、最も知られたひとつ（浙江村）を研究した文化人類学者、張鸝は、当局に張り合う流動者の力量に気づくだけでなく、彼らの存在がいかに都市空間やさらに大きな社会の再編成をもたらし、はずみをつけているかをみずから感じ取っている。

流動者という新興勢力は、彼らの空間的流動性や彼ら自身の空間の生産によって熟成され、創出されている。［浙江村の物語を通じて］見えてきたのは、既存の社会主義空間（村、工場、その他の空間化された場所）が、私有制経済のやり方やみずからの事業に取り組む流入者の資本蓄積により適した、まったく違うタイプの空間へと変換された熾烈なせめぎあいのプロセスである。中国において、農村からの流動者は、都市にてよそ者や流れ者とされ、都市の正員であることや永続的な権利を認められないため、彼らが公定のプランニングの枠外に新たな社会空間を築くことは、社会的、政治的に深遠な意味がある。そうした空間変換は、物的空間についてのみならず、中国社会の経済的、社会的軌道を刷新しようとする後期社会主義的改造の不可分な動的側面でもある（202-3）。

流動者が織りなすインフォーマル経済との末端でのせめぎ合いは、途絶えることがない。たとえば、北京では、大規模な国有企業からの大量レイオフのため、市政府は、失職中の都市労働者に、「農村からの流動者に学べ」と、伝統的にたいていの都市住民に拒否されてきた建設やサービス業などで、「自力」で生活するように――すなわち、臨時の仕事を始めるように――、あるいは、小規模な事業をはじめるなど、みずから仕事を創出するように急き立てた。他方では、一九九九年一〇月一日、中国は首都で大規模な式典を開催して、建国五〇周年を祝ったが、こうした記念行事に向けた整備として、政府は、例によって大規模なクリーン作戦を展開した。いわゆるこの美化計画は、二六〇万平方メートルの違法建造物の取り壊しをもくろんでいた。なお、その大部分は、流入してきた人々の手による仮設の住宅、商店、飲食店、路上市場や、彼らに貸された粗末な住居であった。換言すれば、この作戦は、流動者みずからが形成した、まさに従来とは異なる空間を完全に消去しようとした（Zhang 2001, 210-11）。しかし、その祝賀行事が終わるやいなや、立ち直りの非常に早い流動者がそれぞれの「村」へ舞い戻り、まさしくその空間がいとも簡単に再び占有された。この種の経験から学べることは、農村からの流動者は都市にて踏ん張ろうとし、しかも、そうした人々に生き延びる手段を与えるような空間変換が、もはや止め

浙江省から流入してきた人々のインフォーマルな居住区域の街路（北京郊外）

られないプロセスとなっていることである。

帰還型の人口移動

都市から故郷の共同社会へ帰る人々については、ほとんど論じられていないが、中国の人口流動の歴史において、ますます重要なひと幕となりつつある。もちろん、成功せずに帰郷する者もいれば、地元の英雄としてもてはやされる者もいる。レイチェル・マーフィー（Rachel Murphy）は、そうした人々のひとりについて記している。「于都で、金達実業集団公司理事長の欧陽效芳は、模範とされる帰郷企業家の一例である。……于都で最も高い建物である欧陽大厦には、飲食店、専門店、ホテル、事務所が入っている。それは、県政府所在地の中央に立ち、貧しかったひとりの農民の立身出世を象徴している。彼は、広州と厦門で契約工として稼ぎ、次に郷里の鉱工業に投資した」（Murphy 2002b, 234）。マーフィーは、福建省、浙江省、広東省に隣接する比較的貧しい地域である江西省農村部の二県で、調査を実施した（註11）。一九九七年の公式推計によれば、四川省、湖南省、江西省の農村からの流動者の三分の一は帰郷していると、彼女は述べている（230）。さらに最近では、江蘇省北部への流動者の帰郷フローが、報告されている流出量よりも、二五％大きくなっている。都市への流入熱がしだいに弱まり、沿海部で農村からの流動者が直面している現実についてじかに得た知識が広まるにつれて、期待値が再調整され、農村から都市への流れがそれとともに変化している。

ただ、流動者は、東部のどこかの都市での生活体験談以上のものをもたらす。彼らは、このところ隔絶され、割合に自給的であった「自然」村へ、新しい技能、ノウハウ、生活様式をもち込んでくる。帰郷者は、鎮・県政府に支援され、小規模な事業を始めることがある。さらに、輸出向けの家具、衣料品、靴、あるいは玩具を製造するために提携しようと、香港の投資家を誘う者もいよう。マーフィー（Murphy 2002b）によれば、一九九〇年代後半、于都県には帰郷者による事業が一、四五〇みられた。そうしたなかでも、最も大きな三事業は、年間生産高が一億元に及んだ（231）。沿海部で賃金水準がゆっくりと上昇しているが、于都県のような山間地は、非常に大量の廉価な労働力を今なお提供しうる。

末端では、沿海部の都市にて成功を収めた流動者への優遇策、宣伝活動、個人的な呼びかけを通じて、帰郷者の企業家精神を鼓舞し、増進することに熱心である。マーフィーは、「地方の当局者にとって、春節は、離郷して成功した人々に、これまで育んでくれた郷土を忘れないように思い起こさせる申し分のない好機である。一月から三月にかけて、新聞は、農村のインフラストラクチュア整備へ寄付または事業を始めて活躍している流動者の記事を載せている。農村のバス発着所では、〝帰郷して事業を創出する方々を歓迎します〟という横断幕が、帰省者を迎えている」と記している（234-35）。一九九〇年代後半、県の代表団は、離郷した人々を説得して故郷で事業を始めさせようと、都市部の流入先を訪れた。このような訪問は、成果をあげている。マーフィーの研究によれば、製造業については、大規模な二七社のうち一二社、小規模な二六社のうち四社、さらに農業ベンチャー企業五社のうち一社が、そうした申し入れを受けての設立であった（235）。

江西省のさまざまな地方政府による特に画期的な取組みは、離郷した人々を、みずからの経済開発により一層効果的に結びつけようと、東部の都市に滞留中に教育する試みであった。流動者のための夜間・週末講座は、基本的な読み書き、計算クラスから、自動車修理、エレクトロニクスの職業訓練にまで及ぶ（236）。江西省の郷幹部によれば、地元建設活動の過半の資金は、流動する人々よりもたらされている。このように、経済成長は、流動者を送り出す地方へと徐々に拡散されている。おそらく、鄧小平の先富論によって生み出された総所得の不平等が、多くの、ことによると大多数の中国人がもっている、生まれた場所や先祖伝来の村への愛着の帰結として、ゆくゆくは軽減されるであろうとの希望がもてる徴候である。レイチェル・マーフィーは、少なくとも、次のように望みを抱いている。

帰郷者は、地方法団主義の枠内であれば、みずからの目標を、すなわち自由なやり方で資本蓄積を追い求めることが可能である。しかし農村部では、鎮のインフラストラクチュアや政策に関わる諸問題がそうした目標の実現を妨げている。帰郷者は、そうした末端レベルとの折衝を通じて、故郷の環境をより事業展開に資するように改善する。これは、鎮のインフラストラクチュア整備、経営難に陥った公有制企業の救済、経営資源に対する幹部の主張への異議申し立て、地方経済への資本注入、信用供給の拡大、地方市場の国民経済への統合、そして農村・都市市場の結合強化という、帰郷者や流動者の動きに見て取れる（244）。

流動者の前途

人口移動の趨勢に関する信頼できる最新の統計は、中国については、まだ得られない。それゆえ、将来の人口流動性について、どの程度であれ、確かさをもって語ることはできない。一般的な長期傾向としては、都市化率が引き続き上昇するが、人口統計上の観点からは、都市化のかなりの部分が、以前は「農村」部であったところの区域変更に起因する（註12）。やはり、定性的な研究報告が重要な判断材料になろう。

労賃を含む市場のシグナルが、私有、集団所有、国有の各部門において、意思決定の合理的な根拠としてますます受け入れられるようになり、〝戸口〟制度による労働力の流動制限は、しだいに空虚になりつつある。これは、ひとつには公安にまったく登録していない多数の（ことによると増大している）「不法滞在」の流動者が原因である――国家は、張鸝が論じているように、全知ではない――。また、近年の〝戸口〟制度自体の改革も一因である。この一例としては、「農民」に建制鎮や小都市――すなわち、人口二〇万未満の都市――へ自由に移動することを認める二〇〇一年の国務院による決定がある（Wang 2002）。一九九九年、中国には、三六八のそうした都市に加え、二万を超える建制鎮が存在した。これらの数字は、流動する人々の少なくとも一部のフローが、沿海部の巨大都市から流動者の郷里により近接した中心地へむけられ、結果的に、長距離の人口移動を削減することになろうとほのめかしている。しかし、この政策がどの程度成功するかは、鎮や小都市がそれぞれの経済成長を加速させ、新たな雇用を創出していく能力に左右されるであろう。

これは困難であるかもしれないが、不可能ではない。レイチェル・マーフィーの研究が示しているように（Murphy 2002a; Murphy 2002b）、地方経済にプラスの効果をもたらす帰還型の人口移動が生じ始めている。さらに、沿海部の都市での高騰する労賃により、衣料品、靴、玩具などの労働集約型のものづくりについては、内陸部への移転を余儀なくされはじめている。同時に、地方政府の拡大する権限は、税制上の優遇措置から経済的インフラストラクチュアの整備まで、十分に試行されて実績のある地場振興策の採用を可能にしている（註13）。マーフィーが伝えている江西省于都県の事例や、公共メディアで広範に注目されている事業など、進取の気概に富むものはほかでも模倣されるかもしれない。そして、中国全体としての交通・通信システムが向上するにつれ、成長の可能性がまだほとんど探られたことがない、中国史上初のひとつの統合された空間経済を創出するような地域・国内市場が開拓されよう。中国の古くからの群島を成すような経済は、地域レベルで自力更生をはかる言外の必要性も含め、すでに過去のものとなっている。たとえ、中国経済にみられる現在の輸出指向が、今後も確実に続くとしても、経済成長の伸びの一部は、おそらく国内市場の発展を通じて生み出されよう。

全国で都市のものづくり拠点が増加するというこうした見通しは、沿海部から内陸部へと重点を移行させ、地域格差が重大な社会不安の引き金となる可能性を回避すべき時がきたとする政府みずからの認識によって、強化されている（Shambaugh 2000）。最近の五ヵ年計画は、地域開発の重要性への、このように高まる意識を反映している。

そこで、これからも、恒久型、反復型、周期型、逐次型、帰還型といった多様な形態の都市への人口移動が続くと考えられる。しかし、内陸部の都市拠点が、経済成長の加速という独自の段階を始動させるにつれて、沿海部の都市は、全体に占めるシェアが低下するであろう。

さて、まだ残されたものに人口移動の不可視な側面があるが、それはドロシー・ソリンジャー（Solinger 1999）によってまさに注視されている。彼女が言うには、都市への流動者は、〝都市生活の新たなルールを書いているところである〟。

中国がその社会主義モデルを放棄しつつあった過渡期に、まさに市場を認めることで、指導部は、公共財の配分にあたっての取り分や、共同体の構成員である権利にまで及ぶ、都市の市民たる資格を象徴するものを授与する独占権も、不本意ながら手放しつつあった。また、それによって、国家は（同じく心ならずも、間違いなくしぶしぶながら）目の届かない各種団体への締め付けも断念しつつあった。要するに、農民は、〝戸口〟という国家の制度によって排除されているため、初期段階にある諸市場の作用と相まって、彼らは都市において――まさにみずからの存在といったものだけで――、都市生活の新たなルールを書くことに取り組んでいるところであった（274-75）。

次に考察するのは、まさに都市生活の「新たなルール」である。

第五章

個人の自律性に関わる空間の拡大

本章では、中国の大都市における日々の生活について考察する。その対象は、正式な住民とみなされている人々（都市〝戸口〟をもつ人々）の暮らしであり、こうした都市における農村からの流動者の非常に特異な経験にはふれない――彼らについては前章で述べた――。なお、日常生活に関する極めて粒よりの報告であっても、理論的な補強をせずに済ますことはできない。個人の自律性とは、「今晩、映画を見に行こうか、それとも、まちの向こう側に住んでいる母を訪ねようか」といった小さなことから、結婚すべきか別れるべきかのような重大な人生の選択まで、選び取る能力である。そうした選択は、通常、自分だけでなく他者にも関係するため、〝私的領域〟という概念を手がかりにしたい。これは、国家による直接的な介入、指導、承認なしに選択がなされうる、個人、家族、親族の領域である。しかし、「私的」といった言葉を引き合いに出すことは、より包含的な〝公共圏〟という用語の存在をすでにほのめかしていることになる。そしてそれは、私的なものとともに、政治空間を画定する。中国で政治空間とは、依然として共産党の独擅場であるが、議論をそこまでに止めておくことは――少なくとも西側から見ている者としては――できない。なぜならそれは、私たち自身の政治とのかかわりにおいて主題となっている、市民権、政治的選択、市民としての権利、市民参加、都市の社会運動、市民社会の真意といった重要な問題を提起しているからである。したがって、公共圏に少しでもふれると、西側の中国研究者のなかで続けられている議論の核心へと引き込まれる。市民権をめぐる私たちの概念は、中国にあてはまるのか。これまで、今日、そしてこれからの中国の政治的な

るものを明確にする、この地の理論あるいは哲学的概念とは何か。このような問いは、本章において明らかにしようとすることを越えている。それでも、それらを完全に避けることもできず、締め括りの段階で改めてふれたい。

ユルゲン・ハーバーマス（Jürgen Habermas）は、みずからの博士論文（1962）で、「人間としてのあり方のすべてを、個人を超えた目的体系に結びつける旧来の諸形態は消え、各家庭の個人経済がその中心になってしまい、それとともに、公共的なるものと対照をなす際立った構成要素として、私的領域が生まれた」という、著名なオーストリア生まれのアメリカの経済学者、ヨーゼフ・シュンペーター（Joseph Schumpeter）を引いている（Habermas 1989, 19）。第一次世界大戦末期の一九一八年に記されたこの一節は、おそらく本章の題辞になるであろう。シュンペーターは、西欧での「封建」制の崩壊や、一九世紀のとかくどこか私的なるものに強い関心を抱くブルジョアジーの台頭を念頭に置いていたが、そのような歴史的特異性にもかかわらず、シュンペーターの簡潔な言葉は、ポスト毛沢東時代の中国にも適用できそうである（註1）。四〇年間、革命的共産主義の個人を超えた体系は、党・国家にかかわりのない「私的」となおも考えられ得るものは、何も残さないように、どれも包み込んでしまった。近隣者は、互いの私事に目を光らせ、彼らの所属する〝単位〟の役割は、親として振る舞うことであった。公共圏――公益に関すること――は、共産党によって内部に取り込まれ、毛沢東みずからが頂点に立つヒエラルキー原理を介して語られた。

改革の時代とともに、そうしたことが一変した――いや、より正確には、政府がその常軌を逸した、日々の生活のほぼすべての局面を管理しようとの企てから手を引きはじめ、多少の変化がみられた――。その結果として、自律的な選択という個人的な空間が、めざましい拡大をとげた(註2)。これまで維持され続けてきた、しかも都市の「富裕層」(割合としては小さいが、急速に伸びている社会階層)を創出してきた非常に高い経済成長率に加えて、組織化されていない「自由」時間の顕著な伸びと、きわめて上首尾で息の長い都市の住宅建設といったふたつの変化が、より自律的な生活を導いている(註3)。これらの要因とともに、これこそまさに新たな親密圏、そして中国の消費者主義というようないくつかの関連した事例を手短に論じた後、個人の自律性が組み込まれている政治空間や、中国のいわゆる「小さな政府、大きな社会」にしたがって、この空間を描き直していく可能性について、さらに議論を進める。そして、最後に、ドロシー・ソリンジャー(Dorothy Solinger 1999)の著述を批判的論考として引きながら、現地の市民たる資格という考え方や市民としての権利という関連した概念、さらには中国の都市生活に関する研究への妥当性を考察する。

自由になる余暇時間の利用法

中国での私的領域の出現には、自由になる余暇時間と自分の家というふたつの要因がみられる。王紹光（Shaoguang Wang）によると、余暇時間の管理とは、自由になる時間数の規制、形態の規制、そして内容の規制という三手法のひとつ、または複数にてなされうる。毛沢東体制では、これら三手法のすべてが取り入れられた（Wang 1995, 152）。一九七〇年代後半まで、中国は、完全に厳しく統制された社会であった。個人は集団のなかに吸収され、私的な時間はほとんど消滅してしまった。大躍進（一九五八～六〇）のようなできごとでは、熱心な幹部に駆り立てられ、農民や労働者は極度に疲弊した。文化大革命の絶頂期（一九六六～六九）、官僚主義的な厳しい統制は弱まっていたが、都市住民は、紅衛兵〈造反運動を展開した学生たち〉などによって脅かされ、私的な余暇時間という観念は、その意味合いを完全に失った。人々の生活は、恐怖によって打ち壊された。ただ、より平穏な時でさえ、工作単位（〝単位〟）は、勤務後の生活を厳しく統制するのに打ってつけの仕組みであった。そもそも、〝単位〟の幹部は、自発的な作業を口実に、超過勤務をしばしば求めたことから、十分ではない余暇時間がさらに削減された。しかも実際のところ勤務時間外でさえ、人々は、みずからの時間を自分のものととらえることができなかった。政治学習会への出席は義務であり、個人的な形態のレクリエーションよりも団体競技が奨励され、個々人の好みにかかわらず、宣伝用映画が組織的に上映された。それは、強制的連帯の状況であった。正式に組織された余暇活動への参加を怠った者は、「大衆からの離反」や「集団意識の欠如」と批判されるかもしれないことを覚悟した（153）。

最も恵まれた状況においてさえ、勤務ならびに生理的ニーズへの時間を差し引いた後の自由になる余暇時間は、ごくわずかであった。生活時間の研究は、一九八〇年より早い時期についてては得られないが、改革が動きはじめたその年に、自由時間は一日に二時間二一分であった。これをもとにすると、それからわずか一一年後、それはすでに倍増している（158）（註4）。さらに、余暇時間は、もはや工作単位によって動員されることではなくなり、違ったふうに規定されることになった——市場経済を取り込んだ社会主義のもとでは、余暇時間は、個々人のものとなった——。

新たに手に入ったそうした時間の大部分が、テレビの視聴にあてられたことは、意外ではない。一九八〇年代末までに、九〇％を超える都市世帯が、少なくともテレビを一台所有していた。だが、組織化されていない時間の違った利用法もあった。切手の収集から魚の飼育、鳴き鳥やコオロギの賞玩まで、何千もの同好会が中国のいたるところに現れた。何百万という読書家は、急増する出版物（新聞、雑誌、書籍）にしきりに飛びついた。そして、人々が新たな自由を享受するにつれて、気功、観光旅行、健康維持、裁縫などの新しいブームが、次々に全国へと瞬く間に広まった（164-65）。工作単位は集合住宅へと後退してしまい、自分の家が余暇を楽しむためのおもな場となった。

自分の家

個人の自律性の見事な伸長を可能にしたふたつめの要因は、都市の住宅建設ブームであった。「一九九五年までに、［中国の都市部では］全住戸の過半が、まだ築一六年にならず……しかも、ひとりあたりの平均居住面積は、一九七九年のそれと比較すると二倍を超えた」と、デボラ・デービス（Deborah Davis 2002, 244）は記している（註5）。

上海は、こうした全国的な傾向に追随した。一九七〇年代後半、上海では六〇〇万人の都市住民の大多数が、アメニティ施設がほとんど整備されていない、密集した共同住宅に暮らしていた。大半は、浴室や台所を隣人と共同で使用し、多くの者は公衆便所を利用した。三世代がともに暮らす世帯が、典型的であった。両親あるいは姻族から独立して住まう夫婦でさえ、子供とは別の寝室というような贅沢は、ほとんどみられなかった。この大都市全体で、二〇階を超える建物は、わずか五棟であった。

一九七八年以降、こうした建築環境にみられる変化は、じつに凄まじい。一九七九

〜八九年には、八三万世帯が新築もしくは改装された集合住宅に入居し、一九九二〜九六年には、さらに八〇万世帯が移った。四五〇万人を超える人々の住所が変わり、ひとりあたりの平均面積は倍増、たいていの場合、物質的により高い生活水準への住み替えであった。一九九〇年代後半までに、新築時のモデルは、さまざまな国際様式の高層建築で引き立てられたスカイラインを望む、三部屋を備えた住戸となった（244-45）（註6）。

より意のままに自由になる時間と、にわかに沸き上がる都市の住宅市場は、個人の自律性という空間を広げる条件をともに形成した。引き続き、暮らしのなかの新たな親密性、ならびに、私的領域の再出現のセ

新しい商品住宅（1999年、北京郊外）

クションでは、そうしたことについて、それぞれ描き出しておきたい。

暮らしのなかの新たな親密性

この二〇年あまり、都市の小家族に可処分所得、自由時間、そして持ち家が増えたことが、集団化の時代に失われてしまっていたようにみえた親密圏の回復に寄与している。これを明示するために、まったく異なるふたつの局面――精神的な癒しへの欲求と、人間関係が行き詰まり、上海で匿名の身の上相談電話サービスに助言を求めていた人々の苦悩――を取り上げてみたい。

最初に、気功の鍛錬を通じて、光明や心の平静を得ようとする北京での話である(註7)。

早朝、天壇公園では、石造の壇のところで、調心〈雑念を払った境地〉のさまざまな状態にある二〇人ほどの練功〈気功の練習〉者を見かけることがある。蓮花坐功〈坐式の基本的な功法〉を行う人もいれば、立ってみずからの呼吸に集中、あるいは入静〈身心の安静〉状態で石の上に横たわる人もいる。近くには、他に三〇人ばかりの練功者が樹木の下で動きのある型に取り組むなり、最適の功法、教師、日々の練功について話し合うなりしている。数人は、特定の方言を話すことで通じ合っている。この人たちは、まさに、昼間に出会うかもしれない市井の人（商店主、街路の清掃者、自由市場の商人、学生、老齢の女性）のように見える。練功者は公園で目につくが、そうした人々の社会的基準にはまらない意識のあり方は、都市や国家という枠組みからの退出を示唆している。……練功者は、国家秩序よりもむしろ一個人の平静を求め、癒しの功法を通じて、みずからのアイデンティティを書き換えている（Chen 1995, 360-61）。

一九九〇年代初頭、中国全土で推定二億人の都市住民が、何らかの気功法を行っていた（ibid., 347）。ナンシー・チェン（Nancy Chen）は、精神性を重視するこうしたブームを、心の平静を得られないことへの対応と解釈している。「都市の混乱ないしは崩壊した規範や価値体系に代え、暮らしの平静といったものが探し求められている。想像力の鍛錬や健康法の実践は、身体を、近代的な大都市生活での疎外感に代えて、調和と結びつける。……気功を通じて形成された空間は、功法、身体、天地の本質的な関係を映し出し、国家という定められた秩序を超えた、型にはまらない視座を示唆している」（348）。

さて、今度は精神的な領域から非常に個人的な領域へと移り、キャサリン・エルウィン（Kathleen Erwin 2000）が、上海の身の上相談電話サービスに関する研究で見出した点を、手短に取り上げてみたい。このような電話サービスは、最初、一九八九年に天津と北京で立ち上げられ、まもなく、中国都市部のいたるところで大流行した。上海においては一九九〇年代半ばまでに、二〇を超えるカウンセリング電話サービスが提供されるほどで、それには東方ラジオ放送局の電話相談番組も含まれた。この放送局は、電話相談を番組制作の多くにおいて主要な構成要素とし、その優位性を確立していた。夜遅くまで放送された恋愛、結婚、性に関する問題を扱ったさまざまな番組は、人々に大変うけた。東方ラジオ放送局が放送して一年、その四本の電話回線は、ピーク時には一分間に四、八〇〇回もの電話を受けて、絶えず話し中であった。そうした番組のなかでも、最も人気が高かったもののひとつは、深

新しい事業とともに、工事が進む村の廟（2003 年、福建省泉州市東美村）

夜一二時頃に始まり、おもに片思い、不倫、その他の恋愛もしくは家族のゴタゴタといった問題を扱う、「夜明けまであなたのパートナー」であった（157）。

その媒体は、ますますいたるところにみられる電話（特に携帯電話）とラジオの聴取者電話参加番組といったように新しく、人々がそれらを通じて流した問題は、かねがね口にするのもはばかられる話題であった。人々は、そうした事柄を、最も身近な友人とひそひそ話していたかもしれないが、ラジオのトーク番組にて、みずからの苦悩を何十万ものリスナーと分かち合うという企画は、ぞくぞくするような新しい体験であった。男性の場合、恋人もしくは妻が誘いに応じないことなど、概して性的な事柄についての相談で、同性愛やエイズさえももち出された。一方、女性の場合は、不貞、離婚、子供の養育問題、姻戚との人間関係、そして工場の上司による性的嫌がらせなどの悩みを明かした。特に女性には、そのような身の上相談電話サービスが、多くの義務をともなう心情的には重苦しい拡大家族のネットワークや、相変わらず家父長の支配権を絶対とする視座からまさに構築された職場環境を――ほんの束の間ではあるが――抜け出すひとつの手段であった。エルウィン（Erwin 2000）は、つぎのように論じている。

これらの電話相談に共通する点は、新たに見出された快楽、自由、物質的な豊かさと、親族関係や安定した結婚生活に対する責務との調和という難題であった。家族として果たすべき義務、連れ合いの選択、性、そして離婚は、文化に根ざした知恵や在来の価値観に異議を唱える近代的な暮らし方によく起こる容易ならざることとみなされた。すなわち、こうした電話相談で話し合われていたことは、近代的な考えをもった男女の生活が、新たな経済的、政治的な現実のみならず、中国の伝統的観念に縛られた文化的制約によっても形づくられるなかでの、男女の性別による役割や性に関する思いであった（159）。

身の上相談電話サービスは、家父長制社会のなかで、女性が新たな権利を主張し、男女双方が中国の現況において近代的という語が意味することを学ぶ手段であった。心の奥底の取り上げることがはばかられるような放送テーマにもかかわらず、電話相談は、親族や性に関わる問題への人々の強い関心に応じてきた。そうした新たな談義に誘発され、中国の都市部の書店には、性教育を含む、こうした事柄を扱う出版物が溢れている。

私的領域の再出現——消費することを学ぶ

「大衆」という一様でアリのような人格が急速に個性化し、何百万という都市世帯が新居といったかたちで資産を手にするようになり、しかも（こともあろうに）より一層旺盛な消費者になるように政府に鼓舞され、若く高度な教育を受けた人々のみならず、なかには年齢が高くさほど教育を受けていない人々さえ、消費者になることを学んでいるとしても、さして驚くにはあたらない(註8)。まさしく、消費者の権利を擁護する諸団体が上から組織され、しかも、いずれも同じように職務をこなしている(Hooper 2000)(註9)。政府の支持とは、消費者からの苦情をテレビ番組で広く取り上げることや、消費者問題に関わる公開討論のためにインターネットであてがわれている新たな機会をさす(註10)。一九九六年、中央テレビ局の消費者問題を扱う番組「焦点訪談」は、視聴者が二億人に達しているという(104)。なお、世界最大の広告会社であるエデルマンの国際危機管理部長は、「[中国の]消費者は、みずからの声を発するようになっている。……今や、中国での事業は、世界の他の国々と同様に、利益団体によってたたかれうる」と、顧客に注意を促した(92)。この見解は、ビバリー・フーパー(Beverly Hooper)によれば、「粗雑な偽の消費者製品への高まる抗議、消費者団体の拡大する役割、一九九四年の消費者保護法体系の整備、さらにはそれに続く製造業者(外資系企業を含む)へのクレームにもとづくものであった。一九九七年一二月のある全国的な調査では、都市住民のおもな法的関心は、消費者保護であった――回答者の二九%に選択され、労働法(二五・五%)や刑法(一九・一%)を上回った――。環境保護は、わずか一・八%にすぎなかった」(92)。明らかに、消費者の苦情は重く受け止められている。政府系NGOである中国消費者協会は、一九九八年、六六万七、〇〇〇件の苦情に対処したと公表し、損害への補償額においては、平均して九〇%を優に超えたとする成果を強調している(113)。それ以降、苦情件数は、疑う余地なく、大幅に増加している。

小さな政府、大きな社会――国家とみずからとの関係を再構築

日常生活のさまざまな事柄について、個人の自律性が拡大しているとの前述の点描は、こうした自由になじんだ西側の読者には、取り立てて論じるほどのことではないかもしれない(註11)。しかし、そのような進歩は、最近までそうしたものを享受したことがなかった人々にとっては貴重である。カナダでは、結婚したければ結婚する。両親に相談する必要さえない。これに対して中国では、少なくとも二〇〇三年一〇月一日まで、婚約者たちは、工作単位もしくは居民委員会から結婚の許可を得なければならなかった。結婚問題を専門とする中国社会科学院の王振宇（Zhenyu Wang）は、この制限解除を「ひとつの革命」ととらえている（*Far Eastern Economic Review* 2003b, 30)。また、他にも制限が緩和され、出稼ぎ労働者は所定の許可証や身分証の携行を怠っても、もはや拘留され、都市から追放されない（ibid)。しかし、党・国家は、個人に新たな権利を与えず、人々の生活をミクロ管理する手を一部の分野について単に緩めたにすぎない。そして、いつでもその時々に応じて、再び規制が強化されうる。

政治的に保障された権利、とりわけ市民としての権利の問題は、市民社会、公共圏、そ

して権利の進展に対する社会運動の役割についての——それらはいずれも政治哲学の概念であるが——、より深遠な諸問題を提起する。たとえば西側の理論家は、「権利」とは、そうしたものを認めたがらない政府に対して巧みに主張され、しかもそれから擁護されなければならないと論じるであろう。さらに、権利の行使には、一般の人々がみずからの権利を侵害されている際に頼れる、政治的に左右されない司法制度を必要とする。現在のところ、そのような仕組みは中国には存在しない。

個人の自律性という領域の拡張をはかる中国のアプローチは、違った進め方となった。一九八九年六月、天安門広場で繰り広げられた痛ましい事件のかなり前に、中国社会科学院の若手研究員が、「小さな政府、大きな社会」という関心を引きやすい言い回しにまとめられうる考え方を展開した。その理念は、「市民社会」に関する西側の論述と、危険な関係を帯びていた。しかし、「反体制派」呼ばわりされ再教育のために労働改造〈強制労働〉へ送られるどころか、一九八七年にこの廖遜（Xun Liao）は、省への昇格とともに経済特区の指定もなされようとしていた熱帯性気候に属する中国の大島、海南について、その経済的、政治的、社会的再編への青写真を描く任を負った中国社会科学院の作業グループに加えられた（Brødsgaard 1998）（註12）。「廖遜の〝小さな政府、大きな社会〟という理念は、根本的に改革された政治制度を苦心して練り上げるために、体制の枠内で動く中国の学識者によってなされた最初の本格的な取組みとみられる。……もしも完全に実施されるならば、［その改革は］一九八九年以来、中国の関係分野で非常に精力的に研究され、討議されてきた新たな市民社会の基礎を形成するであろう。ただし、それは上からなされる一種の市民社会であり、下からのものではなかろう」とキェルト・エリック・ブレースガード（Kjeld Erik Brødsgaard）は記している（189-90）。

廖遜のおもな議論は、政府は、その「官僚主義の病弊」を治すために合理化されなければならないというものである。従来、官僚機構の改革は効果が上がらなかった。それは、肥大化した国家官僚機構によってそれまで処理されていた機能を、社会組織が引き受ける準備ができていなかったからである。「もし政府の機能を縮小したければ、社会の機能を拡張しなければならない。海南が官僚主義の病弊を根治しようというのなら、個人が企業に依存し、企業が国家に依存している旧来の制度を抜本的に転換し、社会の多様な関係者をかわりに創出することが求められよう」と廖遜は述べている（ibid., 193）。市民は、自由市場で手に入れたいものだけでなく、みずからの教育あるいは職業も自由に選び、どのような所有形態であっても、みずからがどの企業に就職またはどこを離職するかを決し、さらにはいかなる自営もしくは私営企業を始めるかを決する権利を有すべきである（194）。概して、「……新しい社会秩序とは、政府と社会が新たな関係を打ち立てることを求める。それは、また、海南省の地方権力機関――たとえば、省人民代表大会――が、海南における関係者の複数性を真に映し出すことも要する。この方向で一歩踏み出すとすれば、先駆的な直接選挙の導入ということになろう」とブレースガードは論じている（197）。

一般受けのする改革者の卵であった廖遜は、ついに新しい省都の海口にある研究機関の副所長に任命され、そこで彼は、他の職務のかたわら、ある主要紙にて週二回、第一面コラムを受けもち、地方の改革過程を論評した。例によって中国的なやり方で、彼のスローガンである「小さな政府、大きな社会」は、市民社会といったとらえどころがない論争の的になっている概念よりも、しっかりと地に足のついた言葉で、好ましい変化の方向を伝えている。さらに重要なことには、彼の改革へのプログラム案は、中国において進行中の趨勢と緊密に関係づけられていた――なお、一部の論説者は、ことによると過剰なほど劇的に、それを「国家の退場」と称している――。中央政府が、中国の隔絶された片隅での実験学習として、海南にその根本的な改革プログラムの続行を認めた理由は、これで読み取れよう（註13）。

今のところ、海南の試みが全国の他の地域にとって、ゆくゆくはひとつのモデルとなるのか、そしていかなる結果をともなうのかは、明らかではない。また、政府の適切な役割といった問題にも未だに答えが出されていない。廖遜は、先述の新聞コラムにて、関心を引きやすいそのスローガンに、ほのめかされてはいるが十分に読み込まれていない政治的問題を、慎重に避けている。ただ、得られる印象は、このスローガンがそれ自体魅力的で、政府によって独自な観点から解釈されている傾向である——「小さい政府」とはなるほどその通りだが、少なくとも今のところ、「大きな社会」とは、まさに「大きな市場」と読み解かれている——（註14）。

中国の市民社会とは

一九八九年六月の事件が発生するとすぐに、学識者は、より民主的な中国の見通しを論じ始めた（註15）。そうした発言の大部分は、ユルゲン・ハーバーマス（Habermas 1989）の初期の著述や私的領域の必然的な対語としての公共圏といった彼の概念から出発している。「私的なものになってしまっていた経済活動は、公的な指導・監督のもとで拡大していた商品市場へと向けられなければならなかった——今や、そうした活動がなされる経済的な条件とは、個々の世帯の領域外に見出され、初めて、誰もが関心をもつものとなった——」(19)。西欧では、一九世紀、経済・社会問題が公益に関わる問題となり、まさに今日まで絶えずそのようにとらえられてきたが、中国においては、公共というもの、あるいはより的確に共通利益といったものは、共産党の独占的な領域に帰する。したがって、西側の意味での公共圏は、中国では姿を現していない。また、これは、国家の手が届かない領域のような、政治的な意味合いでの、市民社会の出現を妨げてきた。

これより、そうした問題をめぐる詳細な哲学的論議を始めるつもりはない。それよりも、黄宗智（Philip Huang）による公共圏と市民社会に関するシンポジウムでの結びの論考―― *Modern China*〈近代中国〉に一〇年ほど前に掲載されたもの（Huang 1993）――に注目したい。黄宗智は、ハーバーマスの議論に見られる国家対個人という二元的なとらえ方に反対であると論じ、代わりに、今後の重要な研究課題として、媒介的な諸団体で形成する「第三領域」を提案している。そのなかで、彼は、市民社会を国家と個人とを仲立ちする諸団体と結びつけてきたアレクシス・ド・トクヴィル（Alexis de Tocqueville）等の考え方を受け継いでいる（de Tocqueville 1969; Friedmann 1998a）（註16）。黄宗智の見地からすれば、そうした着想は、「第三空間」の諸組織を政府か社会のどちらかの領域に落し込むいかなる潮流も食い止めるであろう。「第三空間において、同時に存在する両方の力学を認めることから始めよう。……政府と社会の力学に加え、それを、独特な性質や論理を有するものと考えることから着手しよう」と彼は述べている（1993, 225）。

黄宗智の提案は傾聴に値する。それは、変化の社会的なプロセスをはっきりと視野におきつつも、価値を付与された（しかも論争の的になっている）西側の概念を中国の現実に合せようとすることの煩雑さを避けている。西側においてさえ、音楽からスポーツまで、社会奉仕活動から広く開かれた催し物の推進まで、組織立った市民社会は、特定の関心事項を追い、主としてそれ自体のために存在する。また、中国の自主的組織を結成する能力は、多くの西側諸国と違わず、高度なものである。その差異は、中国では政府がつねにどこにでも姿を現すが、西側においては、市民組織への直接的な管理や監視が概して見られないことである。

中国の「仲介」組織に関する最も優れた研究のひとつにおいて、ゴードン・ホワイト（Gordon White）は、次の四区分を提示している。

・「鳥籠」型——大衆組織（中華全国総工会など）。
・法人組織型——公認の社会組織（営利、業界、職能、学術、スポーツ、レクリエーション、文化関連）。一九九三年末、すでに全国レベルにおいては一、四六〇、省レベルには一万九、六〇〇、そして県レベルには一六万の組織が存在した。
・間隙型——おもに地方組織。公式に登記され、しかもある程度の国家による管理にもかかわらず、こうした組織は、多かれ少なかれ上からの直接的な介入を免れて、みずからが関心を抱いていることを推し進める自由がある。
・禁止型——秘密結社やその他の犯罪組織はもとより、さまざまな政治・社会組織。（White 1996, 196-222; White, Howell, and Shang 1996 のさらに詳細な研究も参照）

多くの人々は、上述の区分において、最後のものは「市民」組織の形態として考えるべきではないことに賛成の意を表すであろう。また、明らかに、一部の人々は、「鳥籠」型についても「仲介」団体として検討を進めることに否定的であろう。しかし、詳細な探究もなしに、中国の準国家機関的な性格をもつ大衆組織が、いつまでも党の指示に迎合するといった役割に固定されると誰が言いきれようか。たとえば、中華全国総工会に関する次のような鄭宇碩（Joseph Cheng 2000）の論述をみるとよい。

党は、労働者への影響力を強化したい。経済改革、政企分離、利潤の重視などにともない、党は労働者のなかで果たしてきた役割の相当な減退に直面しているとの深刻な懸念がある。一九九〇年代初頭より、党は外資系企業に党組織や公認の末端組合の結成を露骨に要求してきた。それにもかかわらず、姜凱文（Kevin Jiang）が論じているように、中華全国総工会は、労働者に迫られ、またそれ自体のために、「労働者の利益を代表し、さらには家父長制的な権威主義の政治構造に立ち向かうことにより、組織上の自主権を得ようと努めている」。中華全国総工会は、今日の政治的制約のなかで、慎重に画策している。そして、それは「保守的」ではなく、「実際的」と理解されるべきであると、姜凱文は考えている（20）。

鄭宇碩は、中華全国総工会について見た微妙な差異の検討を、次のように、他の大衆組織にも広げている。

しだいに、中国のさまざまな大衆組織は、それ自体の利益を明確に述べ、党の管理からより大きな自主権を得ようと、構成員に詰め寄られるであろう。党や国家の関係機関と対決する意図はなく、そのアプローチは、通常、低姿勢で忍耐強く実際的である。党と国家の諸機関は、それらの決定的な利益が脅かされることなく、究極的な支配力は保ち続けることになろうが、党と大衆との関係を進展させるため、大衆組織の日常業務については、党がその存在感や介入を減じた方がより良いであろうとの気にさせられる。……

中国の大衆組織に対する究極の試練は、資金面での自立であろう。……大衆組織は、そのサービスへの課金や会社の設立を通じ、ますます、みずからの収入を伸ばす手立てを講じなければならないであろう。政府の補助金は削減され、おそらく一時金扱いになり、大衆組織は、職員の給与を自分の財布から支払わなくてはなるまい。そうした状況では、大衆組織はその機構を合理化せざるを得まい（ibid.）。

そこで、ホワイトによる区分を、鄭宇碩のいわゆる鳥籠型の仲介組織に関する考察と結びつけると、急速に拡大している法人組織型と間隙型は、公認の大衆組織に比して、党・国家の管理から随分と自律的になるばかりか、さらなる自主権拡大の方向へ、そしてそれとともに、独自の活動を行う、より西側にみられるような市民社会の形態へと進展するとおしはかって論じることは妥当かもしれない。

それでも、社会運動や政党などを通じて政治的目標を追い求めることは厳しく禁じられ、そのような試みは、いかなるものもすぐさま未然につぶされるといったことを思い起こす必要がある。これは、中国での市民権や関連する諸権利の意味について、ひとつの問題を提起している。

現地の市民権・市民たる資格と、市民としての権利について

市民権・市民たる資格は、近年出版された二冊の書籍――マール・ゴールドマン&エリザベス・ペリー（Merle Goldman and Elizabeth Perry）による *Changing Meanings of Citizenship in Modern China*〈近代中国における市民権の変わりゆく意味合い〉（2002）ならびにドロシー・ソリンジャー（Dorothy J. Solinger）の *Contesting Citizenship in Urban China*〈中国都市部の市民たる資格への異議〉（1999）――において、主題に取り上げられている。最初のものは、〝政治的〟な市民権に主たる関心を抱く編者が注視していること――すなわち、さまざまな社会集団の政治へのより高度な参加や包含の要求――について、多角的に検討された論文集である。それは、ポスト毛沢東時代の村民委員会選挙、全

国人民代表大会、一九八二年に全面改正された中華人民共和国憲法、民族性と社会・文化的性差、法制度、公開演説、民主の壁運動といった種々の論題を取り上げている。これらの論述は確かに重要ではあるが、あいにく本章の主題にはほとんど無関係である。

ドロシー・ソリンジャーの著述については、話が異なる。彼女は、都市生活をマルクス主義の立場から論じたフランスの哲学者、アンリ・ルフェーヴル（Henri Lefebvre）が、かつて「都市に対する権利」（Lefebvre 1968）と提起したことや、マイク・ダグラス&ジョン・フリードマン（Douglass and Friedmann 1998）がその共著のなかで、「市民のための都市」と論究したことを含みもつ特有な意味合いで、〝市民たる資格〟を用いている。ルフェーヴル、ダグラス&フリードマンは、都市生活に関して、総じて民主的かつ平等主義的な概念を指し示しているが、上述の用語は、いずれもいろいろに受け取れる。ソリンジャーの著作は、農村・都市間の人口移動を取り上げており、彼女は、〝戸口〟制度を酷評している。彼女の見地からすれば、この〝戸口〟制度は、都市生活において一定の特権を与えられた人々と、そうではない人々からなる二階層社会を形成してきた。

中国では、市場経済へ移行するなか、数多くの流入してきた農民と都市に確固たる地歩を占める都市住民との急激な混じり合いが、研究者にひとつの検討課題を提供している。それは、――まさに市場の襲来ゆえに――日用品の配給ならびに都市住民としてリストに載せる人々を最終的に決する国家のかつての能力が明らかに弱まりつつあるなかで、市場が市民たる資格にどれほど影響を与えるのか。市場は、いかなる論理で、その過程に影響を及ぼすのか。さらに、そうした状況下で、市民たる資格——構成員の特権——の真の意味とは何か。まさしく、誰がそうしたものを受け取る資格を得るのかを考察する好機である（Solinger 1999, 278）。

ソリンジャーの著作は、これらの課題に取り組んでいる。なお、彼女は、人口管理に関わる〝戸口〟制度が弱体化し、ますます、都市の優越的な権利が市場を介して語られつつあるという事情に精通している。こうした状況のもとでは、実際のところ、「都市に対する権利」が何を意味するのかは、もはや明確ではない。それは、浮浪者である権利を含むのか。働く権利はどうであろうか。しかるべき食事に対する権利はどうか。街頭に繰り出し、搾取、汚職、解雇、あるいは公共サービスの欠如に抗議する権利はどうなのか。みずからの意見を述べる権利はどうか。公安の嫌がらせに悩まされない権利はどのように考えられようか。

市民権をもつと、ともかく個人の諸権利が（それらが何であれ）与えられるとの考えは、明らかに西側のものであり、とりわけアメリカの見方である。政治理論家は、権利は義務によってバランスを保たれねばならないことを思い起こさせてくれるが、西側型民主社会にて、市民の義務とされる事項は、実際にはきわめて少ない——法律の認める範囲内で生活を営み、納税し、そしてことによると、求められたならば陪審員としての務めを（時として兵役を）果たすこと——。中国では、重要視されるものが、この逆である——社会には依然として儒教の精神が浸透し、そこでは、みずからのアイデンティティが、一族という家父長制モデルにもとづき、特定の他者との関係によって形成され、義務がつねに先に立ち、特権（権利なのか）は二の次とされる——。ロジェ・デ・フォルジュ（Roger V. Des Forges 1997, 95）は、権利といったものを、時と場所しだいで、理論と実践の双方において個人よりも共同体を優先させ、道徳的に鼓舞し、社会的な関係をそなえ、しかも対立状況の仲裁や政治的な特権に関わる経済的便益に重点をおいて考える、中国特有の権利論を導き出したとするランドル・パーレンブーム（R. P. Peerenbocm 1993）の論述にふれている。ただ、デ・フォルジュは、慎重に、中国憲法は原則として一定の保障をうたっているが、国家にだけではなく親族や同胞への義務も同じく課していると指摘している。「中国の特色」をそなえたとパーレンブームが称するようなその権利論が、ある程度の妥当性を有するとすれば、それは普遍的な権利論、たとえば「市民としての権利」といった言葉が示唆するように思われるようなものからほど遠い。また、さまざまな義務が——特に、国家に対するだけでなく、親族や共同体に対する義務が——、中国の権利論にみられる顕著な特徴であることも明らかである。さらに、西側民主社会の市民は、みずからの権利が侵害されていると考える時、独立した司法機関に訴えることになるが、そうしたものは中国には見当らないといったことを付言してもよいかもしれない。中国では、一定の経済的権利が憲法によって確かに保障されているが、一般市民は、そうしたものを強く主張する機会をほとんど有していない。つまるところ、中国の国民は依然として党・国家の臣民である。

変わりゆく中国では、毛沢東思想に根ざした一党独裁支配から、私的領域が現れつつある。それは、暮らしの多くの局面で、個人が選択しうる範囲を実質的に拡張してきた。一九八〇~九〇年代、とりわけ沿海部では経済が途方もなく成長するにつれて、ますます多くの人々が、豊かな暮らしと思い描いていたものを、時には金銭で手に入れるようになった。集団での生活といったうんざりするような画一性はかなり緩和され、さらに、個人的な栄達がルールを遵守することよりも重んじられた。金銭が万能の解決策となり、しかも押しつけられた毛沢東思想による質素な生活が、個人レベルの際限のない欲望といった衝動を生み出したことから、同時に、それは必然的に新たなかたちの社会階層化をもたらした。この問題は、北京の政治リーダーらに懸念を抱かせている。しかし、繰り返される反腐敗闘争は、腐敗の全体的なレベルからすれば、相対的にはほとんど効果がなく、依然として深刻である。中国では、西側以上に、私的領域が必然的に公共圏あるいは政治的領域のなかに組み込まれている。当然、公と私は、いずれの世界においても緊張関係にある。ただ、ヨーロッパ、北米などでは、公共圏が民主政治の領域であるのに対して、中国では、共産党が公共圏を先に制している。人々の政治参加は、数多くの理論家が〝都市国家の自治〟という理想像のように待ち望むものには達していない。もっとも、古代ギリシアという、今なお民主的な生活のかたちや深みを評価する際のひな型でさえ、実際に意味のある市民たる資格は、成人した男性の自由民に限定され、それゆえ少数の人々に限られたものであった（註17）。ただ、選挙の駆け引きといった西側では多くの人々があまり親しみを感じられないものと並んで、多くの国々には、共通の関心である諸課題を軸に、世論を動かし、法改正や市民としての新たな権利を喚起しうる、数々の組織的な市民社会に支えられた、自由な精神の政治がある。これが、社会運動による政治である。

農村を除いて、選挙といった駆け引きがまったくなく、しかも政治的な唱道が、共産党内においてさえ、ヒエラルキー原理によって厳しく抑え込まれている中国には、そうした政治は見あたらない。中国の政治体制は、少なくとも西側の観点からは、依然として私的領域と対をなすもの――すなわち、すべての人々に開かれた政治的領域――を欠き、異様にゆがんでいる。

今日、大多数の中国の人々にとって、「市民社会」が意味するのは、他者とともに、物質的な関心や個人的な趣味を追い求めることくらいである。しかし、仲介団体――黄宗智(Philip Huang)の「第三領域」――は、凄まじい速度で増殖しつつあり、実際問題として、国家による管理からますます自律的になりつつある。新たな利便性（テレビ、インターネット、冷蔵庫、エアコン）を備えた都市の集合住宅は、〝単位〟制度のもと、党の監視者による詮索や不断の監督、さらにはかつての毛沢東体制下にて余暇時間の適切な利用法と考えられた絶え間のない闘争集会やその他の集団活動から解放された、家庭生活の中心的存在になりつつある。また、知的生活に関しても、中国都市部には何千もの新刊が書店や売店にならび、再び活気づいている。党・国家そのものを直接的に問題にしない限り、かつてない広範な意見や関心の明確な表現を、公然とやりとりできる。

次章では、都市のガバナンスといった関連した事柄を考察する。中国の都市は、自治体ではなく、行政管理上の存在であり、それぞれの権威の座は、選出されるというよりも、任命されている。さらに、多くの都市は、周辺農村部の県に対する権限も有している。なお、そうした周辺部は、人口規模において、中心都市の何倍にもなることもある。したがって、中国には、西側の一部専門家からうらやむ声があがるような、統合されたかたちの都市地域圏ガバナンスが見られる。中国の地方レベルにおけるガバナンスの物語はまだ記されておらず、これより先は、非常に限られた数の都市のみを扱っているさまざまな資料を紡いでいかなければならない。中国は多様であり、しかも物的な再編が、急速に絶え間なくなされている。整然とした様相の維持や、暮らしやすい都市の形成にあたり、そうしたものをいかに展開していくかは、引き続き難しい課題である。

第六章

都市形成のガバナンス

都市形成のガバナンスとは、本書にて見出そうとしている都市化の多様な意味合いの政治的な側面である。都市自体と同様に、都市ガバナンスも不変ではなく、絶えず改変状態にある。いかなる政治形態であっても、市民が統治される構造や過程として、ガバナンスが、どれほど効果的であるのか、腐敗の度合いはどうか、またどれくらい公正かを評価されることもある。しかし、都市化の他の側面と比して、それは、「よい都市」、あるいは、よいガバナンスそのもののモデルといった規範的な枠組みを離れて論じることはできない(Friedmann 2002)。

残念ながら、中国に直接的に適用できるそうしたモデルは見あたらず、しかもその開放的な都市は、決して農村からかけ離れた存在とは――あるいは、中世ヨーロッパにてよく言われた「都市の空気は人を自由にする」のようには――みなされなかった。中国の都市は、いまだかつて独自の議会をそなえた自治体であったことがなく、民主政治を育んだこともない(註1)。また、儒教の徳目〈身分的秩序を成立・維持させるための規範〉という古典的なモデル（統治者ならびにそれに仕える人々の側の修養）や法家のヒエラルキー原理以外に、現時点で受け入れられている「よいガバナンス」のモデルもない(註2)。儒家は、古典に通じた官僚政治の利点を論じ、また漢王朝以前の法家は、懲罰的な法や行為規範を重視したが、実際の治国策とは、広範にわたる、多くの価値を付与されたガバナンスというよりも、単に支配上のテクニックのことと考えられた。つまるところ、中国の悠久の歴史を通じて、最高の権力を有する者自身の臣民が存在しただけで、明確な権利や義務がある市民は見られなかった（註3）。

しかし、こうした問題に関わる規範的な言説の欠如は、中国の都市が治められなかったこと、あるいは、効果や公正といった重んじられていない概念をもって、人々がよいガバナンスの意識をもち合わせていなかったことを意味しているわけではない。そうした概念でさえも、巨大都市地域圏が現れ、カール・マルクス（Karl H. Marx）がかつて「原始的蓄積」と呼んだことが進展する時代に、よいガバナンスを確かなものとするには不十分である（註4）。また、儒教の徳目やヒエラルキー原理だけでも、きわめて急速な都市の拡大を、効率の良さ、暮らしやすさ、持続可能性のための広範に受け入れられる規範と結びつけるといった問題を解決できないであろう。

こうした課題は重要ではあるが、大きく紙幅を割くことはできない。今なお国民を従順な臣民として扱う党・国家にあっては、よいガバナンスの本質に関わる規範的な言説は、この章の範囲を超えたさまざまな問題をあらわにするであろう。よって本章においては、中国における都市のガバナンスを、特に都市の土地管理、住宅、都市計画について、探究していきたい。前半は、皇帝、共和制主義者、そして革命家が率いた中国の歴史的なガバナンス手法を考察する。そうした伝統的な考え方は、中国社会に深く埋め込まれ、この四半世紀にわたる改革期にも残存し、都市を形づくってきた。本章の後半部分では、今日の地方レベルにおけるガバナンスの仕組みを簡潔に論じ、さらには、都市が建築物の単なる集まりではなくなり、企業家のようになりはじめる時、何が生じるのかといった問題を提起する。最後は、都市ガバナンスの一要素としての都市計画をよりきめ細かく検討し、よいガバナンスの問題についての短評で終えたい。

インフォーマルな都市ガバナンス

北京から見れば、帝国の行政区域は、最下層が農村部の県で、府、路もしくは道、省とレベルが上がり、その都自体を頂点とする入れ子型のヒエラルキーを成していた。こうした五段階は、全土に及び、中央集権の統一された行政域を構成した(註5)。各レベルでは、それぞれの行政上の中心地が、首府として整えられた。中心地とされた都市は、壮大な城壁、城門、門楼、皇帝の威光を表す象徴を備えることにより、大多数の他の都市とは区別された。多くは、碁盤状に配置された街路や城門も特徴であった。都市を囲む城壁の内側には、〝衙門〟という壁をめぐらした官衙がおかれ、それは、地方長官（すなわち総督や知事）の役所のみならず、たいていは官舎も含んでいた。この役所の制度上の権限は、その高官が取り仕切る行政レベルの境界線にまで及んだ。行政区域内には、その首府に加えて、他にも都市があったかもしれないが、臣民の大半は、農業に従事していた。行政上の中心地としての県城は、中国農村部の広大なランドスケープのなか、統一されたヒエラルキー構造の支配拠点において、最下層にすぎなかった。都市は、特産品の集散地として、あるいは要塞として重要であったかもしれないが、帝国のヒエラルキー構造のガバナンスにおける格のほかに、ひとつの政体として別個のアイデンティティを有することはなかった（註6）。ジョン・ワット（John Watt 1977）は、清代の県城の〝衙門〟を、次のように描いている。

清王朝のさまざまなレベルにある幾多の官衙のなかでも、県レベルの衙門は、人々の暮らしに最も大きな影響を与えていた。なぜなら、それは最も身近で、しばしば目にする皇帝の権威であったからである。県の衙門は、官僚政治と地方のインフォーマルな権力組織との折衝を進める中心的な施設としての役割も果たした。そうした水面下の活動は、県の衙門にとって、最も目にふれる機会が多いその公的業務のように、ひとつの重要な職能であった。要するに、県レベルの衙門は、公権力の主要な手先として、かつ政治的やり取りのまさに重要な舞台としての役目を果たした。こうした機能の多様さならびに重大さゆえに、県の衙門は、「日の出から日没まで」絶えず動いている、ことのほか繁忙な機関であった（353）。

また、清王朝の中央レベルの官衙にとって、「県の衙門は、行政上の方針を遂行するために最も重要な役所であった。国家機構全体のなかで、首都の行政機関は、帝国の諸施策を練り上げ、それらの実施を監督した。省、道、府レベルの行政機関は、中央と県レベルとの橋渡しを担った。ただし、そうした諸施策を民衆に用いることや、それらが重んじられるように取り計らうことは、おおよそ一、五〇〇といわれる県レベルの衙門と、ことに地方長官しだいであった」とも、続けて述べている（361）。

ただ、帝国の諸施策を遂行するといっても、県レベルの地方長官がまさしく実際に取りはからうように期待されていたことを伝えていないかもしれない。その公式の責務は、おもに社会秩序の維持、公共事業（城壁、堤防、橋の整備など）の監督、そして徴税であった。多くの時間は、司法行政で占められた。「県レベルの衙門は、一般の人々には、民事紛争の第一審裁判所としての役目を果たした。役

省レベルの〝衙門〟（蘇州）

人の強欲さや厳しさゆえに、衙門の広く知れ渡った信頼のなさにもかかわらず、訴訟は、清代の社会において一般的な現象であったようで、所定の期限内に訴えを聞くことを役人に求める諸規定も存在した」(ibid., 363-64)。徴税に関しては、小作農に嫌がらせをして、ついでにみずからの懐も満たそうと農村をくまなく駆け回っていた、ひどく嫌われた「胥吏」の仕事であった。地方長官は、都市から周辺農村へ足を踏み入れるのをつねに渋った。「日の出から日没まで」、みずからの官衙へ押し寄せてくる地元の名士とのやり取りの方がはるかによかった。しかも、地方長官は、通常、勤務期間が三年未満であったことから――その土地の郷紳に取り込まれることがないように、たびたび配置換えされたため――、短期間に可能な限り殖財しようと、かなり急かされた状況にあった。実際、「県レベルの〝衙門〟は、最も高い市場価格で行政機関を売るような事業をしていたと十分にみなされよう」とワットは記している(364)。

民衆の観点からは、当然のことながら、よいガバナンスのとらえ方が大いに異なっていた。法外な税を取り立てられ、定期的な強制労働を要求されるが、その見返りとしての便益はほとんど感じられず、〝衙門〟はひどく憎まれ、中華民国の建国宣言後に解体された最初の機関のひとつであった。地元の郷紳やその他の名士としては、皇帝の派遣した代表と折り合いをつけなければならなかったが、都市ガバナンスに関わる事柄は、概して自由裁量とされた。

清代の都市社会には、同郷・同業団体によるローカルな活動の充実したネットワークがみられた。その地にまつわる高徳の人々（神々）を崇める宗教施設は、近隣生活の中心であった。また、近隣団体は、当該区域における宗教儀式の清浄のみならず、その全般的な秩序、融和、衛生についても責務を負った。楊慶堃（C. K. Yang）の著述を引きながら、ウィリアム・スキナー（William Skinner）は、「たとえば、防火、ごみの除去、……近隣秩序……の維持、一部の……慈善事業や宗教的行事など、都市生活の典型的な集団活動とは、近隣団体のまさしく伝統的な役目であり、そして、それは自律的な組織であった」と記している（Skinner 1977d, 547）。楊慶堃は、広東省仏山に研究の焦点を合わせていた。なお、内陸都市の重慶においても、商業組合の連合体によって、消防隊の整備だけでなく、「孤児院、養老院、穀物倉庫の運営、災害救助や貧しい人々の相互扶助の組織化もなされ」、末端レベルでの市民社会の役割は、ほぼ同様であった（550）。清王朝末期にいたっては、馬敏（Min Ma）が、蘇州を事例に、類似した実態をかなり詳細に述べている（Ma 2002）。

ところで、このような慈善活動を都市自治の一形態と呼びえたであろうか。まったく別問題であったのか。基幹的な公的業務が行われていたとはいえ、ガートルード・スタイン（Gertrude Stein）の言葉をまねるとすれば、滞留者や外来住民の都市に、全住民が結集しえたような象徴的な核が存在せず、「そこには、みずからといったものがなかった」（註7）。

市民による統治の仕組みがないため、都市経営の適切な基準についての期待も存在しなかった。かくして地方長官は、商業・宗教団体に取り組む心づもりがあるのなら、そうした善行に許可を与えることに大変前向きであったが、これは誰も説明責任を問われないインフォーマルな手立てであった。いずれにせよ、そうしたことには、通常、官の資金が得られなかった。このようなインフォーマルな都市運営は、北京という古都においてさえ、南京を選んだ国民党の国民政府に見捨てられると、中華民国の時代を通じて延々と続くことになる(Strand 1989)。

市政府機関の化身

随所に設けられていた〝衙門〟の解体は、公的機関が末端レベルにおくセンターのように、それに代わるものを必要とした。早くも一九一四年には、臨時の市政公所が、北京と広東(広州)に開設され、まもなく、この仕組みが他の都市にも広まった。ただし、広東が、孫文の息子である孫科市長のもとで、正式に市政庁を設置するのは、一九二一年になってからであった(Tsin 2000, 23-25)。北京の市政府は、一九二八年、南京へ先立って移された中央政府が、公安、社会、公共事業、衛生、財政、教育、公益事業、土地といった八部門の事業を見渡す市長を任命するまで、正式には設けられなかった(Strand 1989, 224)。なお、予算が最も大きく割り当てられたのは、警察(公安)であった。

一般の人々にとっては、新たにめかしたてられた警官が、単に〝衙門〟の胥吏に取って代わったにすぎなかったが、実態はより込み入っていた。早くも一九〇二年には、清の新政の一部分として、近代的な警察が創設されている。みずからはドイツの方式に学んでいた日本に養成され、現代的な制服を支給された警察は、共和制主義者が率いた時代への過渡期を切り抜けた。少なくとも北京では、名を知られるようになるのに時間を要さなかった。ここでデビッド・ストランド（David Strand 1989）の論考を詳細に見ておくことは、有用であろう。

一九一〇～二〇年代、北京は、「世界的にも治安が徹底して維持された都市のひとつ」として、広く知られていた。この世評は、検挙実績あるいは犯罪捜査技術によるものではなく、警察が「あちらこちらで忠告を与え、路上での衝突からもち上がる些細なもめごとを鎮めながら、都市を見守る」といった「やや家父長的な手法」にもとづくものであった。紛争解決、交通管制、犯罪抑止に加えて、警察は、あらゆる種類の経済的、文化的、政治的活動も統制した。なお、清朝の陸軍警察部隊も、犯罪防止といった狭義の任務を超えたさまざまな職務を含む治安維持にあたっていた。北京の警察は、清朝の陸軍警察部隊に取って代わる過程で、治安維持へ幅広くアプローチしていたその前身の傾向を取り込んだようだ。警官は、食品業者に衛生基準を遵守させ、公衆便所の定期清掃に目を配り、医師には資格試験を課し、死者の出身地へ送り返す準備がなされた棺については宗教施設での保管法を指導するほか、有毒・汚染廃棄物のでたらめな投棄の防止に努めた。また、芸能や政治的表現を検閲した。さらに、生活困窮者への食事の支給施設、教育施設、矯正教育・労働施設を含む、都市の最も貧しい住民への支援や管理のためのさまざまな施設の監督にあたった。共和制主義者が率いた時代の北京社会について、第一級の西側研究者であるシドニー・ギャンブル（Sidney Gamble）は、詳細な考察の後、警察は「都市でなされる［政府］業務のほとんどに関与し、人々の暮らしのほぼあらゆる面に手出ししている」と結んでいる（71-72）。

ストランドの巧みな表現では、警察は「政府機関の化身」、すなわち新たな制度のなかで、都市秩序の可視的な代行者であった。騒動や混乱は、都市の城壁の向こう側に現れるかもしれないが、都市そのものについては、平穏で整然とした状況が維持されなければならなかった。一九二〇年代初頭、ある晴れた夏の日に撮られた北京の写真は、ふたつの城門へゆっくりと向かう人力車と歩行者の長閑《のどか》な流れを示している。街路を拡張する事業が進められている。広々とした歩道を備え、中央分離帯のある道路は、きれいである。目の届く限り等間隔に配された、治安維持にあたる少なくとも七人の制服警官を確認できる（註8）。

警察は、可視的な秩序の代行者であったが、誰のために行動していたのであろうか。国民国家といったものが脆弱で、しかも市民社会に活気が見られる時代、古くからのインフォーマルなガバナンスは、責任分担といった考え方を後押しした。数多くの新たな主体が登場したが、大商人はみずからの役割を果たし続けていた。ストランド（Strand 1989）は、「警察は都市の管理に努めたが、商人、法律家、銀行家、学生、労働者などの各団体は、それぞれの構成員を管理下におき、警察を含む、他集団の行動に影響を及ぼそうとした。このような政治的に複雑で、多元的に進展する過程で、北京の商会は、福祉政策から都市計画まで、社会秩序に関するさまざまな問題への対処において、重要な役割を果たした」と記している（98-99）。

都市計画のマニフェスト

孫科については、広州の初代市長を務めたことを先にみた。孫科は、カリフォルニア大学ならびにコロンビア大学にて学ぶため、父親によって海外に送り出されていた。一九一六年に帰国し、ほどなく、都市問題に取り組みはじめ、近代都市計画の熱心な推進者になった。一九一九年に刊行された論考のなかで、彼は、ひとつのモデルたる都市の将来像を描き出していくプランニングにおいて、科学的なアプローチの長所を主張している。

孫科は、「調査」と「測量」が、都市計画の最も重要な手立てであると述べている。

調査の範囲については、彼は、社会および経済のあらゆる側面を対象にすべきと記している。それは、統計のかたちでもたらされるすべての事実を包含しなければならない。都市拠点を形成するために、調査は、その区域の人口、居住者の職種、地場産品の種類・量、現在ならびに将来の取引量・品目についてなされるべきである。あわせて、測量が行われなければならない……。孫科が、こうした種々のデータに重要な諸関係を見出していたことは明らかである。それだけ、正確な統計資料を得ることが重視され、ひいては、きめ細かな徹底した調査はもとより、十分に整えられた公的機関を必要とした（Tsin 2000, 23）。

これは、技術系行政官が主導する新たな体制に向けたマニフェストであった。一九二〇年代初頭、孫科によれば、都市計画には、将来の通信需要を見越した対応、公衆衛生ニーズの充足、そして憩いのための空地（特に都市公園）の整備といった三大目標があった。ただし、その究極のねらいは、より野心的で、「世間の日常的な行いの領域へ、まさしく衛生や娯楽の種類といったレベルにまで手を伸ばすことにより、人々がみずからの日常生活を律していた諸条件を変換すること」であった（24）。科学的なプランニングとは、人々に現代的になることを強要することであった。

毛沢東思想――都市の工作単位なる概念

一九二〇～三〇年代、中国の都市は、何世紀にもわたる低迷を必死に克服しようとして、途方もない物的変化を経験したが、孫科の考え方が十分に実施されるには、時間が足りなかった（註9）。軍閥が対立しあう状況、日本の侵入、内戦にもかかわらず、都市形成は絶えず進展したが、一九四九年、中国共産党が権力の座につくと、その何もかもが結局は打ち切りとなった。中国共産党は、最初の一〇年間ほど、半世紀を経た都市づくりをより確かなものにしようと模索したものの、一九五八年以降は、毛沢東のさらに急進的な考え方が支配した。農村社会は、人民公社の集団労働を軸に再編され、新たな都市秩序は、工作単位（〝単位〟）といった社会・空間的概念を基盤とすることになる。〝単位〟とは、空間的には、国有企業あるいはその他の（教育、研究、行政）機関を核に組織された、塀で囲まれた構内のことをさした。その要員は、本格的な社会主義社会の極小版というべきものに入れられた。小さな住戸は、ごくわずかな家賃で提供されることになっていた。教育、娯楽活動のみならず、基本的な保健医療や育児に、集団的な手立てが講じられることになる。揺りかごから墓場まで、人々は、〝単位〟という塀をめぐらした領域から、そもそも出る理由がほとんどなくなる。退職者にとっては、「鉄の飯茶碗」により、威厳のある老後や末期にあっては然るべき葬儀が確かなものとなる（Perry and Lü 1997）。共和制主義者が率いた時代の多元的で「無秩序」な都市は――そのインフォーマルなガバナンスの仕組みと合わせて――、漢王朝以前に始まった法家思想が濃厚にただよう唐王朝・長安に似たものへと再編されることになる。

この大事業は、完全に遂行されたわけではなく、「混乱」した旧市街地の多くは残存した。だが、都市プランナーは、その実施を強く求められなかった。新たな〝単位〟については、当然、用地を定めなければならなかったが、生産的なインフラストラクチュア――多くの場合、工作単位と直接に関係したもの――以外は、都市部門への投資が最低限に抑えられた。「ブルジョア」の消費都市は、社会主義的生産都市へと変換されなければならなかった。一九六〇年までに、物的計画はほとんど無用になり、文化大革命期には、そうした実務が全面的に停止された。まれに例外はあるが――おもに内陸部の新しい工業都市の建設や甚大な地震によって都市が壊滅状態にいたった唐山の復興などが見受けられるが――、物的計画は、次代まで再開されなかった（Yeh and Wu 1998, 177-78）。

共和制主義者が率いた時代にみられた都市システムの復活

一九八〇年代、改革時代を主導する政権の基盤が強固になるにつれて、都市のガバナンスに重大な変化が生じた（Wu 2002; Zhang 2002b）。工作単位制度は存続していたが、〝単位〟は、もはや住宅や基本的な社会サービスの提供を求められなくなった。そうしたことは、今度は市当局の職能になっていく。現行の市政府は、共和制主義者が率いた時代の市政府をひな型にしてよみがえった――もっとも、著しい相違がみられるが――。一九八四年、市の設置基準の改定で、周辺の県や県レベルの市はその所轄区域内におかれ、その結果、中心となる市は、その区部に加え、周囲の農村部(一般的には集団的土地所有)や県レベルの市(国有地)の管理にも責任を負うことになる。こうして、都市と農村は、清代のように、単一の行政単位に再び統合された。実際、この枠組みのなかで、農村部の県は、いつでも区へと昇格させることによって、都市中心部へ「編入」されうる。

工業に従事する〝単位〟の住宅ならびに工場(1992年、北京)
――この区域は、その後、社区住宅として再開発された

今日、市ならびに区は、いずれも法律を定め、規則（細則）を設けられる議会——末端の人民代表大会——に呼応するとされる、まぎれもないそれぞれのレベルの政府である。そうした議会は、地方行政に指示を与える権利を主張しはじめている（註10）。むろん、より掘り下げた観点からは、市、区ともに自治体ではない。どちらも、共産党の指示に従わなければならず、さらに、それらの行動は、国の法令ならびに国務院の諸政策によって制約される。それでも、中国の都市は、革命前のかなりの自主権を取り戻している。市にはさまざまな権限が与えられ、一九八九年の都市計画法のもとでは、総合的な都市計画の策定、建設用地計画許可証の交付、開発規制の実施を求められている。

このような地方レベルでのガバナンスの仕組みをすべて概観するには、さらに街道弁事処と居民委員会といったふたつのレベルにも着目しなければならない。いずれも、毛沢東思想が中軸をなした時代からもち越されたもので、主たる工作単位制度を補完する役割を担っていた。ただし現在では、それらの機能（特に街道弁事処の職能）は極めて重要になっている。区の一級下の行政単位としての街道弁事処は、「社会」と政府との境界面で巧みに立ち回っている。それは、黄宗智（Philip Huang）の「第三領域」の「仲介」団体とさえみなされよう（第五章参照）。上海の典型的な街道弁事処の諸機能について、張庭偉（Tingwei Zhang 2002b）は、次のように描き出している。

近年、生産に関して「政企分離」政策が成果をあげ、新たに「政社分離」政策が開始されている。社区での暮らしについては、市政府が手を引くなか、区政府と街道弁事処が、一段と積極的な役割を果たすように期待されている。区と街道弁事処との間では、「職責の分担」がなされ、区政府は経済発展の課題に重点的に取り組み、街道弁事処は社区に関わる公益事業の運営を求められている。上海では、街道弁事処の公的な役割が三から八に増え、街道弁事処が関係する分野は三から一五に広がってきた。……街道弁事処の新たな責務は、末端での調停解決、社区の治安維持、交通整理、防火、公衆衛生、街の美化、空地の維持管理、環境保護、家族計画、雇用・労働力管理、保育・介護サービス、防災、集団所有制にて展開する事業、コミュニティ・サービス、そして農民市場などである。こうした変化は、上級政府の決定に従う下層の行政機構から地元の利益を代表するより自主的な存在へと、街道弁事処の機能転換を明示している（312-13）。

張庭偉は、実際のところ、こうした公益事業がどのくらいなされたのかについては述べていない。しかも、その記述は上海に限定されており、その平均的な街道弁事処の人口規模は一〇万人、面積はおよそ一〇平方キロメートルである。他の都市では話がおそらく異なるであろう。

居民委員会は、冒進的な時期のレトリックにて「自主的に結成された大衆組織」とされる点で、街道弁事処とは異なる。毛沢東体制下、居民委員会が選出され、「基層」政府、もしくは、その派出機構のひとつの指導のもと、みずからの役割を果たすことになっていた。呉縛龍（Fulong Wu 2002）は、「実際には、……居民委員会は、管理経費の項目で地方政府によって資金手当てがなされていた。居民委員会は、社会秩序の維持、基本的な福祉対策、政治運動への人々の動員など、地方政府に命じられた数多くの職務を請け負う。一般に、ひとつの居民委員会は、一〇〇〜六〇〇世帯を管理し、七〜一七名の人員が配置されている」という（1084）。張庭偉（Zhang 2002b）が述べているように、（少なくとも上海では）居民委員会の構成員はおおかた無償であるが、実のところ、多くの委員会は有給の区政府職員によって率いられている（313）。まったくの上意下達式の統制というよりも、相互性をもつ関係になるように意図されているが、上層では一般大衆の暮らしの管理を相変わらず試みているようである。さらには、いささか活力に欠ける、時代がかった居民委員会よりも、業主〈住宅所有者〉委員会や企業主協会のような新しい組織が、地元利益のより有力な擁護者として姿を現しはじめている（317-19）（註11）。

都市行政においては、入れ子式の箱のような古くから好まれた型が、上述の通り見事に息づいている。そのねらいが、都市住民の日々の行動を統制し、凛とした静けさのような外見——すなわち、デビッド・ストランドが「荘重さ」と呼んでいるもの——を堅持することにある限り、それは、十分に論理的な体制のようである。しかし、行政の制御機能は、新たな企業家主義に押されているようにみえ、「入れ子式の箱」といった静的な概念は、もはや妥当ではなくなっている。

企業家的な都市

改革が開始されて以来、都市は、企業家のようになることを学ばねばならなかった。一九八〇~九〇年代を通じて、中央政府はもはやその歳入を市政府と大らかに分かち合おうとはしなくなり、都市はあらゆるたぐいの新たな機能を取り込まなければならなかった。市の発展への資金手当ては、必然的に、土地使用権の売却と集団所有制にて展開する事業の収益といったふたつの主要財源をもとにするほかなかった。それでは、それらのうち、最初のものに目を向けてみよう。

都市の土地に関する改革は、一九八二年憲法(一九八八年改正)に明記され、一連の国務院による条例においては、さらに詳細に述べられている。都市のあらゆる土地は、国有地とされ、農村のすべての土地は、(行政)村の集団所有地となっていた。ただし、土地使用権は、(地方政府によって)みずからの利用を目的とする〝単位〟へ譲渡されることや、通常七五年間といった長期で開発業者へ賃貸されることがある。建設の権利を得た不動産開発会社は、賃貸借契約のなかで、事業用地の障害物撤去、整地、事業計画を支える適切なインフラストラクチュアの整備を求められる（Wong and Zhao 1999, 115）（註12）。

香港の地理学者である黄観貴&趙暁斌（Wong and Zhao 1999）は、土地を譲渡する際の「フォーマル」な手順——土地利用予定者による申請から始まり、三レベルの認可が必要というもの——と、「インフォーマル」な方法——大多数のケースに見受けられるもの——とを区別している（註13）。インフォーマルな方法は、それ自体は違法ではないが、「裏金」が動くことが多く、この著者たちは皮肉を込めてそれを「関係」費と称している（117-19）。そうした非公式な方法のポイントは、以下のように描かれている。市政府が数区画の土地を売り出す手はずを整え、「信頼できる仲介者を探す」とき、ことが動きはじめる（註14）。ただ、脚注には、「信頼できる仲介者」とは、土地の割当てに関わる最終的な決定を下す当局者に近寄れるほどめぐり合わせの良い人であれば誰でもということだが、しばしば、影響力のある政府高官の近親者もしくは気心の知れた仲間であると記されている（118n.8）。土地管理部門に代わり、こうした仲介者は、開発予定業者と非公式な交渉を重ね、政府の認可の地ならしをし、しかも「地方政府と開発業者の利害の帳尻を合わす」ように手助けしはじめる。金銭のやり取りがなされる。中国の新しい都市が、集合住宅、そびえ立つオフィス・ビルや豪華ホテルにみられるように高層化するにつれて、開発業者、投資家、投機家は、地方政府から土地使用権を買い占め、流通市場で土地使用権を取引し、さらに、みずから建設事業にまで乗り出すこともある。

この論考において注目すべき点は、実際の取引が、整然とした都市を保証すると考えられているひと揃いの入れ子式の箱といったきちんとした枠に収まらず、現実には、体制の根強い腐敗につながっていることである。ときに、現地紙でも取り上げられる凄まじい話がたくさんある。ファー・イースタン・エコノミック・レビュー（*Far Eastern Economic Review*）誌には、次のような記事がみられる（2003a）。

付近の取り壊し作業を終えようと準備している戸外の労働者を相手に、屈強な四三歳の余粛振〈中国語の関係記事に用いられている音訳〉は、チャウ・チンガイなる（その生まれ育った上海では周正毅として知られる）大物とみずから闘っていると言いながら、腹立たしげに歩き回っている。十数名の隣人とともに、周正毅がどのように上海中心部の自分たちの家屋を撤去し、派手な開発を展開するつもりかを記者に語る際、しきりにその目が怒りで血走る。

彼らは、まだ残っている一戸の家屋に座り込んでいる——電気、ガス、水道は、五月に入ってから四日間にわたり断たれたにもかかわらず——。その外は、戦場のようにみえる。住民たちは、この数週間、黙々と抗議している。数日前、年長の何声欽は、みずからの軍服と勲章を身にまとい、まもなく取り壊される自宅の前で一枚の写真を撮るためにポーズをとっていた。自由奔放な筆致で、彼は、一枚の看板に、中国憲法の個人の権利保護を謳った部分を記した。

多くの点で、こうした状況は、周正毅がみずからの富をなした、ぎらぎらした不動産開発というゲームのもうひとつの側面である。余粛振は、隣人が周正毅に対して起こしている訴訟に提出された文書を腹立たしげにすばやくめくりながら、上海の〝老百姓〟(この都市の庶民)のどうすることもできない状況を早口でまくしたてた。

その文書には、周正毅の開発会社、佳運投資有限公司が、上海中心部の北京路沿いに位置する大規模な用地の使用権を、実質的に無料――わずかに年間一元(〇・一二米ドル)/平方メートルの使用料――で手にしていたことが記されている。佳運は、この都市で最も高値のオフィスが立ち並ぶ南京路からわずか一街区離れたその一等地の権利の九九%を押さえている。残りの一%は、静安区政府が手がける開発会社によって保持されている。

この割がいい取引の意味するところは、当該住民には、周正毅が、新たに開発する事業地内の集合住宅に対する権利を与えておいてくれればよいということであった。

しかし、誰も、彼らに告げていなかった。かわりに、彼らは上海で新居を手に入れるには到底及ばない金額を提示された。「戻ってくる権利があることなど、聞いてないぞ」と、余粛振は声を荒げる。隣人は、その通りだとうなずいている。ひとりの男性は、一三万二、四四〇元から二二万元へ積み増された金銭を手にしたが、区政府との仲介者に二万元を握らせてようやくかなったと話す。

踏みとどまる権利があると彼らに知らせたのは、地方政府や開発業者との法的な争いで、何千という上海の人々に助言してきた、鄭恩寵という五三歳のキリスト教徒であった。しかし、六月九日、『上海解放日報』は、鄭恩寵が、「国家機密の不正入手」――公表にむけた手続きを明確に経ていない政府関係のどのような情報にも及びうる罪――で逮捕されたと伝えた。

鄭恩寵は、記者には、拘束される直前、警官の圧力には慣れており、不正利得、いや、彼が言わんとするところの上海における不動産業界の「黒幕」に、人々の関心を集めたいと語った。彼は、新型肺炎（重症急性呼吸器症候群――ＳＡＲＳ）の隠蔽工作を告発した、現役を退いていた北京の医師、蔣彦勇に触発されたともらした。しかし、鄭恩寵には、蔣彦勇ほどに、つきが回っていないかもしれない。当局は、すでに鄭恩寵の弁護士資格を取り上げてしまった。今や、党は、彼の息の根を止める気である。

二〇〇三年、周正毅は逮捕された。しかし、大規模な銀行詐欺事件といった別件の容疑であり、これは全国レベルの犯罪である。一方、上海市政府としては、その「インフォーマル」な土地整備事業がたとえ違法ではないにしても、開発業者――中国で最も経済的に豊かな人々のひとり――が、六〇〇ドル／平方メートルを超える潜在的利益を手にすることを見込んでいるとき、〇・一一ドル／平方メートルで土地使用権を賃貸借契約していた市当局者に、途方もない不正利得があったにちがいないことをなおも究明しない、そうした成り行きに抗議する民衆を抑え込もうとしているように見える(註15)。中央政府は、断続的に、とりわけ目に余る汚職の取り締まりを試みているが、このように広く報じられた事件は、氷山の一角にすぎない(註16)。

政府の仕事が営利行為と違わぬとき

断片的な市場、不当利得行為、行政の土地譲渡、投機、根強い汚職、中央から地方を管理するピラミッド型体制を維持しようと勢いを増す必死の取組み、がむしゃらな資本主義、古くからの貧困、粗野な新興富裕層が激しく入り交じる状況は、すさまじい喧噪の建設現場に思えるほどで、一九二〇年代の北京の（古い写真に見られるような）落ち着いた荘重さを失っているように見える。このように調和を明らかに欠いた状況――そのまったく桁

都心の社区における新たな高層オフィス・ビルの開発（1999 年、上海）

外れな混乱状態――の多くは、市政の二面性にともなう結果（すなわち、それを反映したもの）である。なお、その二面性とは、威厳のある官僚機構の側面とあこぎな資本主義の側面をさす。こうした課題については、丁学良（X.L. Ding 1994）が名高い。彼は、それを「二重性制度」と称している。「〝制度の二重性〟という概念は、個々の機構の性質や機能ならびにそれらの境目の不確定性を際立たせている。また、それは、政治的な過渡期にはたらく種々の力学が織り成す関係や相互の浸透を浮き彫りにしている」(299)。丁学良は、さらに、現代中国のみならず、より広く東アジア諸国の特性を示すため、みずからの議論を拡大している。「東アジアでは、国家は、明確な限界もなく、組織的に拡散している。その権力ならびに機能は広範に及び、然るべき手続きといったものにはほとんど関心を払わない。それゆえ、公と私、政治と個人、公式と非公式、公務と非公務、政府と市場、法と慣例、手順と実質との区別が、ことごとくあいまいにされている」(317)。そうした境目のあいまいさは――数学（ファジー集合、フラクタル幾何学）の進展やポスト・モダンのあらゆる二元論の排除にもかかわらず――、合理主義者の心には、おそらく最も不可解で、つまるところ中国の地方レベルにおけるガバナンスの厄介な側面と映るであろう。しかし、もし二重性が、東アジア諸国の（おそらくすべての当該機構の）揺るぎない性質であるなら、今日、単に一過性の現象としばしば語られているものは、――あたかも中国がある種の避けられない「過渡期」にあるというが、……何にむけてなのか、うわべだけ民主主義的な仕組みのグローバル化した市場経済なのか――その国の政治的なランドスケープの変わらぬ特性ということになるかもしれない。都市の新たな情勢は、さまざまな境目や細かな概念的差異を飛び越えているので、そうしたランドスケープの外観と実質は、一致しなくなっている。際限なく続く、差し向かいの話し合い、すなわち〝関係〟は、こうしたパターンの一部分である。これに関しては、〝衙門〟、会館・公所、近隣の宗教施設を物的な足場とした、清王朝後期のインフォーマルな都市ガバナンスの手法のなかに、いくつかの裏付けとなるものをすでに見てきた。境目を越えて結びつけていくやり方といった、今日の機構に見られる二重性は、以前と同じような現象の一例にすぎない(註17)。

呉縛龍(Fulong Wu)は、改革時代を歩む政府の企業家のような取組みを論じている(Wu 2002)。彼は、市政府の行動を、都市サービスの民営化、インフラストラクチュアに関わる利用者負担、周縁部門の利潤追求組織への転換など、グローバル化する都市当局の新自由主義的な手法と結びつけている(1085)。ただ、二重性に関して、より際立って印象的な事例は、上海の街道弁事処が展開する営利活動についての報告である。

街道弁事処は、小規模な雑貨店や専門店を開業し、それから、そうした試みをしだいに広範な商工業事業へと発展させはじめた。一部の街道弁事処は、立地・土地を活かして、海外の投資家との合弁事業さえ進展させた。そこで、一九九〇年代より、街道弁事処が展開している営利事業は、地元にとって二番目に大きな財源になっている。

その新たな財源は、街道弁事処の幹部に、貧しい人々への支援といった社会的職務や事業の拡充を可能にしている。ますます伸びる予算外収入により、街道弁事処の幹部も利益を手にし、しかも「称賛される専門家集団」になっている（1086）。

この簡潔な報告の興味深い点は、街道弁事処の明らかな二重性である。まさに農村部の郷や村の場合と同様に、その営利事業は集団所有である。そして現在、街道弁事処の社会的責任は、もっぱら得られた利益の一部を貧しい人々の生活扶助や他の多くの委ねられた責務に配分することで果たされている。仕事ぶりが評価されると、街道弁事処の幹部は、「地元の名士」と称えられる。しかも、「管理報酬」と理解されうるものをみずからに支給しても、地元住民が異議を唱えるようなことはほとんどない。

［呉縛龍が記すには］より高い給与を得る機会は、幹部の行動を変える直接的な誘因となる。［二重性制度によく見られるように］経済活動において、幹部の職域に関する明確な規定が欠落していることに加え、そのことが、企業家主義の空間を創出している。そうした末端レベルにおいては、市政府よりも、行政と営利行為との境目が一段と不明瞭になっている。……末端レベルでは、……支配する側とされる側との緊密な関係が、企業家的な取組みの基礎をなしている（ibid.）。

都市の未来をプランニング

先に述べたように、孫科にとって近代的なプランニングとは、土地利用を規制するための手段というよりは、むしろ彼が大いに称賛した西洋の都市、それも特にドイツの都市に比肩する、独自性をそなえた新しい都市をまず思い描き、しかも築き上げるための手立てであった。孫科の事業は未完で、さらに七〇年間にわたり、部分的な実現に留まる。なお、今日、彼のビジョンが推し進められているプロセスは、おそらく彼が想像していたものとは言えないであろう。

毛沢東思想のもと、事実上、都市の形成にプランニングが欠けていた二〇年間を経て、それは、一九八九年の都市計画法——中国において初めての総合的な都市計画体系の法制化——をもって、正式に取り戻され（しかも編みなおされ）た(註18)。それから一五年間、プランニングのノウハウは、おもに基本計画づくりに向けられた——同法には必要な規定が設けられていた——。実際、プランニングがどのように機能しているかをより詳しく見ることにより、今日の中国における市政のあり方に、さらなる考察を加えられよう。

新たなミレニアムの幕が開け、都市計画は、重要な専門的職業になりつつある。推定六万人のプランナーが、どのレベルの政府においても活躍し、その大部分は、ひと握りの沿海部の大都市にて働いている。全国的には、プランナーは、二団体を組織してきた。ひとつは専門家で構成される中国都市計画協会であり、もうひとつはより学究的な色彩が強い中国都市計画学会である。そして、全国的な専門誌が、活発な専門家の論議を連載している。ただ、すべてのプランナーが、その専門教育を十分に受けているわけではない。たとえば、市政府の計画部門に勤務する人々は、規定通りになされるようにするのが主要な役割の政府職員である。専門的な教育を受けたプランナーは、個人のコンサルタント業にも多少みられるが、一般には、基本計画の立案、意匠、調査業務を職責とする計画設計院に勤めている（Zhang 2002a）。そうした設計院は、とりわけ「二重性」を備えた組織である。建前としては計画部門の監督下にあるが、彼らは、予算外収入を手に、実際には相当な業務上の自主権を有している（註19）。

プランナーがなすことの多くは、土地利用、施設配置、交通に関わる日々の意思決定の指針となり、しかも都市形成を促進すると考えられている、都市基本計画（〝城市総体規劃〟）の立案であると概ね説明されよう。すべての都市は基本計画の整備が求められている。これは、一九五〇年代にまでさかのぼる伝統であり、当時、数多くの中国のプランナーが、知識を得るためにソビエト連邦へ送り込まれた。徐江&伍美琴（Xu and Ng 1998, table 1）は、一九五四～九三年に立案された広州市のそうした一五の計画を分析している。一九六〇年代、都市計画は凍結され、プランナーは再教育のために下放されたが、それ以前の八年間に、それらのうちの一一が作成された。時間軸、人口予測、達成目標など、用いられた前提に着目すると、その研究は興味深い。一九五四年、まさにこのように多数の計画づくりが始まったばかりのとき、一五年間から五〇年間までの異なる期間を視野に、四本もの計画が準備された。初めの段階では、将来の想定人口は二二〇万人とされたが、その連続する最終の計画では、中国の都市を逆都市化させようとの政府の意向を反映して、一六〇万人に減らされていた。明確に、四計画のすべてが、広州を「消費都市」から「生産都市」へと変換させることになっている。典型的なソビエト型の重工業を通じた急速な工業化が、時代の風潮であった。

一九五五年には、三本の基本計画が策定された。それらの主要目標は、「都市と農村の差異の撤廃」というマルクス主義者の理想であった。今度は、より合理的に時間軸が一五～二〇年に設定され、都市人口は、さらに一四五万人まで削減されることになる。「社会主義的発展と工業化の推進」に応じて、一九五六年と五七年にも引き続き計画が描かれた。プランニングが完全に凍結されるのを前に、一九五九年ならびに六二年の最後の二計画は、表向きは、「広州市を華南の工業拠点に発展させる」ようにつくられた。このとき、将来人口の予測は再び一八五～二五〇万人へ引き上げられ、計画期間は一〇～一五年に設定された。

一九七二年、そしてさらに七七年、プランニングが断続的に再開されたときには、新しい目標が「社会主義的生産都市と対外貿易センターの形成」になった。「対外貿易センター」への新たな言及を除き、これは、毛沢東思想の陳腐な言い回しであった。一九八四年、そしてさらに九三年になり、改革派の時代がすでに本格化するなかで、ようやく達成目標が旧来のレトリックからはっきりと抜け出した。計画では、向こう二〇〜二五年間、この都市の人口を二八〇万人で安定させ、「必要な公共施設の供給、生活環境の改善、持続可能な発展の推進」をはかることになった(註20)。

この簡潔な報告から明らかなように、毛沢東思想が中軸をなした時代、基本計画の策定とは、党の路線にしたがった形式的な任務であり、実質的に、都市整備の「方向づけ」には、ほとんど関係がなかった。プランナーに委ねられた現実的な主要課題は、新しい〝単位〟の事業に適当な用地を見出すことであった。しかし、最近の計画では、教義上の主張より、むしろ解決すべき課題が、たびたび関心事項に取り上げられはじめている。たとえば、一九九三年、みずから見定めた計画課題を、つぎのように整理していた。

・新世紀にむけた都市整備目標の合理的な決定
・流動人口、経済再編、インフラストラクチュア整備、拠点開発などに関連して、社

会主義経済改革が都市計画・開発の仕組みにどれほど影響を及ぼしてきたかの検討
・計画実施の強化
・交通（たとえば、幹線道路）網の計画、都市の生態環境の重視
・開発と規制の調整、長期ならびに短期計画の調和
（Xu and Ng 1998, 44-45）

このような課題は、中国の党・国家との関係において、一段と地方の権限が拡大しているという感覚に加え、プランナー側の専門家意識の高まりを示唆している。しかし、こうして注視しているものにとっては、行動計画というよりも研究課題のようにみえる。

今日のプランナーが抱える課題は、途方もない。プランニングに、ひとつの新しいスケールが生まれている。現在、大都市はいくつかの県を「先導」していることから、プランナーは、都市地域圏を一体として考えなければならない。人々の流入は、人口を増大させ、明らかに、公共施設や食糧等の供給に対して、はなはだ大きな圧力をかけている。さまざまな政府機関（とりわけ土地管理部門）との調整がなされなければならない。都市開発は、今日、中国の未成熟な市場経済のなか、猛烈な速さで進んでおり、インフラストラクチュア、住宅、レクリエーションための広場などの長期計画と、何らかの方法で整合をはかる必要がある。環境の質的改善や「住みやすい」都市づくりといった課題を含め、プランニングに

は、新たな要求が付加されてきた。さらに、計画実施も急務となっているが、近ごろ、都市成長に関して潜在的な利害関係者となる主体が増加し、そのリストには、今や、さまざまな部門や区の政府高官のみならず、海外の投資家、地元の開発公司、市・区レベルの人民代表大会、業主〈住宅所有者〉委員会ならびに企業主協会（換言すれば、ますます声高な新中間層）、有力な〝単位〟なども含まれる。

おもに、海外の手法に目をやる研究者からは、影響力のある利害関係者の関与や、政府内の担当者との個人的な〝関係〟に留まらない、より参加型のプランニングを求める声がある。香港大学計画系教員の伍美琴（Mee Kam Ng）は、そうしたひとりである。彼女は、みずからが生まれ育った都市と深圳という大陸のモデル都市（香港特別行政区の北に隣接）の双方に、参加型文化が欠如していることを嘆いている（Ng 2002）。それでも、彼女は、人々と政府との間にはさまざまなコミュニケーションの経路（ことにマスメディアという手段）があると記している。さらに彼女は、深圳にて先ごろ設置された当局側とそうでないメンバーの双方から成る都市計画委員会が、「土地利用計画についての正当性の改善や、土地利用計画の法的位置づけへの全般的な顧慮の醸成に役立っている」と述べている（21）。しかし、伍美琴の参加型計画への展望においては、プランニング過程への一般の人々、声なき人々の包含が模索されている。そしてこれは、むろん深圳において、またかなりのところ香港においても、今まさに生じていることとは隔たりがある（註21）。

アンソニー・イェー&呉縛龍（Anthony Yeh and Fulong Wu）は、中国の都市における物的計画の発展系統に最も詳しいばかりか、非常に考え抜かれた論述のひとつで、一連の提言を示し、結びとしている。ふたりの論評は、次のように要約されている。

現在の計画体系は、合理化されるべきであり、「総合的管理」という非現実的な展望は、断念されなければならない。都市計画の法的な位置づけの強化、地方の人民代表大会内での都市計画委員会の設置、さらに、都市縁辺部のすべての土地を計画管理下におくために、法的手続きによる区の指定に向けた取組みが求められる。計画決定をめぐる争いに対処し、なおかつ計画当局の行政裁量を減じるため、独立した計画不服申し立て制度が設けられるべきである。計画部門と土地部門とのより効果的な連携が求められるとともに、一般の人々のさらなる参加がはかられなければならない。社会ならびに土地開発におけるプランナーの職務は、再考されるべきである。都市計画における専門家意識は、職業上の水準やプランナーへの計画教育に目を配り、さらに高めていく、専門のプランニング協会の設立により形成されるべきである（Yeh and Wu 1998, 247）。

プランニングに関わる、より良い制度づくりにむけたこうした提言の価値は、おそらく引き続き論じられるであろう。中国における都市ガバナンスは、絶えず実験が重ねられ、変化し続けている。それは、途方もなく多様な各地の状況に応えなければならない。そうした事情は、たとえば、深圳という国家主導の生産拠点と、極めて異なったタイプの都市である福建省の地方色豊かな泉州（中国では、西安、北京に次いで、三番目に重要な歴史都市）のプランニングに関する論考に目を通せば、すぐさま明らかになる(註22)。実験は、いたるところで進められている。その広大な領土に広がる何百もの都市を考えると、特定の都市が実際のところどのように運営されているのかというまさに概略以上のものがつかめそうな、これだという論述など存在しない。本章も決して例外ではない。

この章では、ガバナンスに関わるすべての考察は――都市形成のあり方を含め――、「よいガバナンス」を成り立たせているのは何かといった規範的な問題に、必然的に向かい合わざるをえないであろうとの所見からはじめた。ただ、そうしたことは、この問題に対する旧来の解答のみならず、今日の現実に関しても、批判的な意識で展開していく必要がある。本書で探究してきた一連の空間的、経済的、社会・文化的、そして政治的意味合いにおいて、これまで入れ子式の箱と称してきたような厳格な支配体制に重ね合わされた、場当たり的な処置、実験、そして実際的な政策決定の調合は、そのさまざまな創意工夫としては不十分であると、明らかになっていくであろう。こうした支配体制は、フランソワ・ジュリアン（François Jullien）の言葉を借りれば、「不透明（opaque）」であり続ける(註23)。

皇帝が目につかないように立ち振る舞われるなら、物事が滞りなく進行すると古くは法家が考えていたように、天子は姿をかくしているが、その帝国の暮らしは、時計のように規則正しくは進んでいない。丁学良は、ありえないようなことにがむしゃらに取り組もうとする政府を説明するために、二重性という概念を導入した。だが、そうした入れ子式の箱の壁には亀裂が生じはじめ、かつての〝関係〟という素朴なつながりは、実体のない資金計画の問題で、当局による犯罪捜査の結果を待つばかりの周正毅のような怪物を生み出している。

今の時代を特徴づけている粗野な資本主義は、臣民による批判から体制を守る煙幕のなかで行われている。しかし、徐々に、このような支配体制は、いつしか人々の批判が大規模な抗議活動を引き起こすようになるまで、正当性を失っている。二〇〇三年七月三日、香港では、特別行政区基本法第二三条にもとづく国家安全条例の制定過程に不満を表明するため、およそ五〇万人がデモを行った。翌日、手もとに届いた一通の電子メールのなかで、当方の情報提供者は、「デモ行進は、香港が新しい時代に入ったこと――しかも、人々の声が明瞭なこと――、より民主的な制度、より説明責任を果たそうとする政府、そしてより透明性の高いプロセスを求めていることの現れと考える。政府の姿勢と一般市民の要求との隔たりは、極めて大きい」と記している。さらなる民主主義、説明責任、透明性。これは、「一国二制度」方式のもと、特別行政区政府にその職務をいかに進めるかを説くのみならず、中国のがたがきた古風なガバナンスの仕組みの徹底的な改革プロセスを（特に地方レベルにおいて）導くことも十分にあり得る標語である。

結論

未来にむけて

これまで論じてきた物語は、進行中である。したがって、本書のこの終章は、結末というよりも現状把握のようなものである。現代中国で起きていることを読み解くのに役立つかもしれない過去のできごとから、何を学びとれるであろうか。これまでに、流動性にみられる新しい傾向、農村工業化、日常生活、都市ガバナンスといった、都市化のいくつかの側面に関わるさまざまな主題を論じてきた。他にも多くの潜在的な課題がふれられずにおかれている。それらのなかで、ことによると最も重要なものは、「持続可能性」――すなわち、中国の都市への変貌の環境、社会・文化、経済面での持続性や頑強性――であろう。今日の変動のテンポは、この国に途方もないストレスを加えている。この結論の最後には、そうした問題がいかなるものであり、またどのくらい深刻なのかを見極めたい。ひとりのプランナーとして、これは、みずからの未来への展望――解決すべき今後の課題を明らかにし、取り組むこと――である。ただし、細部にいたっては一筋縄では行かず、〝持続可能性〟といった言葉がおうおうにしてもとになった耳触りの良い勧告をただ繰り返すよりも、新たな視座を見出すために、具体的な都市のきめ細かな研究が求められよう。

これから先の困難な道

最もむずかしい作業は、政策の詳細を詰めていくことではなく、無秩序な状況への突入と停滞を招く全体主義的な支配の再施行といった、両極端な絶えず存在する危難の間の〝持続的な変革の道〟を歩んでいくことである。そうした極端な事態は、絵空事ではない。中華民国の四〇年間近くについては、無秩序な状態が中国の暮らしにて絶えることのない現実であり、それは文化大革命の嵐が吹きすさぶ時期にも再び現れた。全体主義の停滞した状態に関しては、おそらく、一九六〇年代、大躍進運動にともなう大惨事の後、ある種の極致に達した毛沢東のもとでの都市のランドスケープである、塀で囲まれた工作単位の構内といった、〝単位〟が形づくる都市という細胞状の社会によって、最もよく表されるであろう。

改革の時代が開始されてもしばらくの間、〝単位〟とは、生産に関わる企業、あるいは病院、大学のような公益機関を重々しく据えるのみならず、申し分のない生活をあてがい、老齢へいたる個々人の安心を醸成する「小さな社会」をも収めた、自己完結的な塀をめぐらせた構内のことであった。資源の効率的な利用は、〝単位〟のおもな運営基準ではなかった。労働力の流動性は最小限で、構内で育った子供たちは、概して、親の退職時にその仕事を受け継ぐか、単位内の別の仕事を改めて割り当てられることがたびたび見られた。〝単位〟の人員間には、物質的にさほど格差もなく、言わば誰もが同じ鍋から食べていた。いずれにせよ、門の外に広がる世界は、この人たちにはぼんやりとした存在でしかなかった。このような工作単位の概念は、都市部に適用された。農村部においては、人民公社がよく似た役割を果たした。人民公社の主たる機能が、都市の消費に向けられる余剰食糧の生産であり、かたや〝単位〟が、とりわけ、農民の人民公社が欠く基本的な生活必需品を生産していた点を除けば、どちらも可能なかぎり、自給自足がめざされた。

入念に企てられた制度は、しかしながら、単に創造性を抑え込む再生産で、停滞に帰することを免れなかった。一九八〇年代、そして特に九〇年代に始まる改革により、そのような細胞状の社会は、緩やかに解体された。人民公社は、廃止された最初の制度であった。〝単位〟は存続したが、その社会・政治的機能の多くをはぎ取られた。今や工作単位は、何よりもまず、市場のシグナルに注意を払わなければならなくなった。すなわち、競争市場において、みずからの効率に目を向けなければならなかった。〝単位〟は、その「小さな社会」が拡大された個人の自律性の領域に徐々に取って代わられるとともに（第五章参照）、合併、規模の縮小、あるいは合弁企業への転換がはかられた。

前体制の停滞は打破されていった。しかし、中国の多様性、人々の力強さ、社会の道義的中心としての共産党に対する信頼の凋落、旧来のものと新しいものとの不安定な組み合わせ、新たな社会階層化のうねり、古くからのさまざまな基本的価値の崩壊を考慮すれば、無秩序な状態は、依然として生じうる。こうした時代、人々はみずからが信頼できる血縁関係、誠実な友人、個人的な人脈（〝関係〟）といった、社会関係や日常の習慣的な行為を最後の拠り所とする。ただ、中心的存在としての中国共産党は、術を心得た何をやっても正しい全知全能の核心ではもはやないにしても、なおもちこたえている。中国では支配の力学が、ますます複数化している。政府は、何はともあれ、進路を保つのに不可欠とされるよりもはるかに少ない資源で、なしうることをしている。政府は、十分な検討をせずに、省、さらには市レベルへと、大いに財政の地方分権化を進めてしまった。中央の諸指針は、今なお打ち出され、地方においてはさまざまに受け止められている。なお、そうした指針は厳格には実施されず、時として厳守されるにすぎない。地方政府は、なすべきことをするために、「二重性」に転じ、まさに成功すれば、直接の当事者と、商取引が結ばれるにあたって名義とされる集団の関係者の双方に、うまみのある営利事業へとみずから乗り出している。おおよそのバランスが保たれる限り、誰もが満足であるが、時に、利得が許容範囲を超えるというか、その儲けが何ら公益をともなわずに私腹を肥やすだけとなると、党・国家は、その度合いを再度釣り合いがとれるように介入せざるをえない。こうした状況を考え合せると、変貌そのもののプロセスを、より「持続可能」なものとするにはどうすべきか。残念ながら、最上の秘策といったものはなく、毎日が、都市の往来のなか、車を走らせているようなものである。そこでは、油断せず、巧みに操り、前のめりになる機に乗じ、停止し、それからまた少しずつ進まざるをえない。そうするには腕がよくなければならないが、そのような技能は、自動車教習所で指導されない。

それでは、何がこの二五年間の都市への変貌の教訓なのか。ひとつの明らかな教訓は、停滞と無秩序な状況との間でバランスをどうにか保つためには、継続が変化と同じく重要であるという点である。〝単位〟制度は、現在、市場の諸力、国内競争、さらにはＷＴＯへの対応を迫られ、その力は著しく低下しているものの、未だに存続している。農村部においては、人民公社制度が消滅した。しかし、郷（以前の人民公社）や行政村（以前の生産大隊）レベルでは、集団所有制が、製造業からゴルフ場まで、さまざまな収益性の高い事業によって再び活気づき、生き延びている。実利に聡い企業は、国内および海外市場の双方で販売促進をはかろうとするように、新たな経済関係は水平的であるが、北京から発せられる中央の指示があっさりと無視されるはずがなく、ヒエラルキー原理が依然として幅を利かせている。だが、そうだとしても、地方の幹部は、もはや単に上級に指導を求めて仰ぎ見るだけでは立ち行かず、みずからが治めている人々に多少とも受け入れられるやり方で、物事をどうにか成し遂げるために、視線を下に向けることもせねばならない。暮らしは、より一層複雑になってきた。共産党の諸機関は、時折、今なお「大衆」といった（「中国共産党は、大衆の先鋒」というように）古めかしい表現を用いることがある。しかし、基層レベルにおいて、地方政府は、騒ぎ立てる農民、切り捨てられた労働者、影響力のある工作単位、不平をもらす業主〈住宅所有者〉委員会、さまざまな経済・専門団体、海外の事業家、現実的な考え方の女性団体、必死の輪タク運転手等々、険しく、まさに流動的な時代にみずからの利益を守ろうと、多かれ少なかれ組織された、主要都市のありとあらゆる関係者に対して、他に適当な言葉がないために、市民社会と称されることがある事象の絶えず変化するバージョンに対処しなければならない（註1）。

中国の人々は、純理論的な考えに多くの時間を浪費することなく、目の前にもち出された問題の解決に心を傾ける実利的な人たちとたびたび見られてきた。そこでは、意見の相違点を協議していく不断の努力、粘り強さ、意欲が目を引く。成功は、善意ではなく、結果によって判断される。さらに、現在の改革派政権は、前体制よりもイデオロギー的色彩が薄れ、実際的な管理能力や柔軟性をみせるとともに、まだかなりの影響力を有する大物の限界を現実的に評価していると言われてきた。中国を率いる今日のリーダーの多くは、そもそも技術者としての教育を受けており、彼らは、技術者的な物の考え方で諸問題に対処している。みずからが負うリスクは計算され、すげ替えた偉大な指導者の空想的な軽挙や政治的計略とは大きく異なる。

このようにして、少しずつ、新しい社会が姿を現す。今日、中国にて途方もない規模で生じているのは、〝内から〟の変革である。確かに、依然として中央指令型の計画がみられ、しかも党・国家が最高位にあることを明示するように、荘厳な式典が定期的に執り行われているが、村、社区、区、市での日々の暮らしは、文化的創造力の内なる大爆発で、この国を変化させつつある。その顕著な発現が、主要都市においては新たな大通りや住宅団地であり、大都市においては、そびえ立つオフィス・ビルや豪華ホテル、地下鉄、目を見張る橋梁、巨大な建設事業といった、その象徴主義によって有形化されたエンパワーメントの感覚である。清代の都市の郷愁を感じさせる――消し去られつつあるか、観光名所にされている――街並みへ思いを馳せ、このように成し遂げられたものの価値を減じることは、概して誤解を招きやすいであろう。しかし、今日の手のつけようもない諸問題だけを詳論することも、同様に誤解を招く恐れがあろう。

都市への変貌を読み解く

この二五年間の経験から学んだことのいくつかを整理しておきたい。それらは、都市の発展の内発性、市民社会という問題、中国の都市がそなえる特質、そして都市ガバナンスの仕組みに関わるものである。

内発的発展とは

一九八〇年代より、外資が中国に流れ込んだ。その多くは、香港（むろん、もはや「外」ではない）、台湾（公式には中国のひとつの省と表明されている）、韓国、日本、そして中国系ディアスポラ（特に東南アジア）からもたらされた。外から見ているものには、第三章で述べたように、農村工業化の急激な高まりを含め、中国沿海部の省における目もくらむような成長の多くについて、そうした資本の流入によるものとする傾向がみられる。しかし、これまでに考察してきたその場での都市化は独特な現象であり、他にも再現された事例が見られるとはいえ、わずかにもうひとつ、ベトナムだけである。何がこの変種の要因なのか。この問いに単純な答えはなく、どのような説明にも、ある意味で偏向が見られる。これまでに、デルタ地域や福建省の狭隘な沿海部の極めて高い人口密度、そうした地域に古くから見られる工芸の伝統、地元の農民の企業家精神、高水準な集団・家計貯蓄、毛沢東思想が中軸をなした厳しい時期に培われた工業経営のノウハウ、そして、特に集団所有という今なお残る威信のかかった制度とローカル・レベルの優れたリーダーシップをあげておいた。外資はひとつの重要な役割を果たしたが、大部分は補完的な機能であり、中国の農村開発は、内発的なもの――すなわち、主としてみずから生み出したもの――であると述べてきた。それは、まさに、無秩序な状況と停滞との中間を切り抜けていく、変化のなかの連続性といった、困難ではあるが必然的なプロセスの帰結であり、その経路は、すでに論じたように、中国の近代化へのアプローチの特徴にほかならない。

中国の市民社会とは

今日、中国は、現代の西側の意味合いにおける市民社会を有していない。その「公共圏」は、党・国家によって取り込まれ、しかも、それなくして、さらにはそれを可能にする国内の制度なくして、ユルゲン・ハーバーマスがもち得たような市民社会は考えられない。かくして、中国は、完全に統制された政治体制内にますます多元的な社会を抱えるという、ひとつのパラドックスを提示している。ただし、絶え間ない変化の衝撃を受けるなか、さまざまなこと――中央・地方政府間での財政にかかわる権限の分担、一段と増す経済の複雑性、外部世界へのより大きな開放性、共産主義イデオロギーに対する広範な信頼の失墜、全国人民代表大会やとりわけその地方レベルの系統にて高まる自己主張、末端での制度の「二重性」、中国にて事業展開する外資系企業の増加にともなう法制度の強化、ＷＴＯへの加盟、そして中国独自の法家の伝統――を勘案して、この体制は前途を切り開きはじめている。名目上は党・国家の監督下にあるが、ますます自律性といった感覚を強くもって行動しはじめている多数の市民組織に映し出されているように、中国都市部は、現在、自主的に組織を結成する顕著な能力をみせている。中国の国家統制の伝統――東アジア全体にしっかりと根づいた伝統――を考慮すると、近い将来、真に自律的な市民社会が現れるといったことや、それが権威主義的な支配の終結を声高に求めるようなことはありそうもない。すべてが、フォーマルな民主政治における定期的な選挙しだいというわけではなく、利益の表明は、国家の優位性に直接的に挑むのではないやり方で進められる。しかし、市民社会の概念は、今日の中国にて、末端の幹部や個人が取り組み、世間の関心を呼んでいる社会益といった実態を思い起こさせてくれる。独立した司法制度、政府を自由に批判できるメディア、自由民主主義的な意味合いでの多様な政党の欠如は、今日の中国の都市に複数の力学が作用している現実――中国の実存する市民社会と考えてもよいもの――を打ち消すことにはならない。

中国の都市がそなえる特質

しばしば言及されてきたように、中国の都市は、ヨーロッパの都市とは異なり、自治体ではない。けれども、物事が生じる単なる〝場所〟以上のものである。第六章では、中国の都市に関して、「そこには、みずからといったものがない」と、ガートルード・スタイン（Gertrude Stein）をまねて言い換えておいた。しかし、これは、性急すぎる判断かもしれない。上海の人々は、中国の最も洗練された国際都市に暮らしていることをかなり意識し、それを誇りに思っていると言われている。そして、香港は、その絶えず進展する民主的な制度に加え、北京の意を受けて特別行政区政府によって推進された国家安全条例の制定をめぐる、二〇〇三年の大規模な反対デモ――政府は法案を撤回――からも明らかなように、はなはだ中国的ではない自己主張の強さをみせている。中国において、都市の強い個性は、おそらく今なお希有であり、香港のような状況があるにしても、自治のようなものにはとうてい移し変えられていない。しかし、そうはいえども、都市行政は、何百万もの一時的な出稼ぎ労働者という現実をみずからの中へと受け入れ、都市インフラストラクチュアの計画にあたり、主として実際的な調整のなかでそうした人々に備えはじめている。また、中心都市は、周辺農村部の県についても行政上の責務を負っている――農村と都市との融合により、そのガバナンスには地域性が高まる――。都市のアイデンティティが広まっていくと同時に、郷、区、社区といったさらにローカルなレベルにおいて、自己主張が強まるかもしれない。

都市ガバナンス

ヒエラルキー原理の効果的なひとつの表れである、「入れ子式の箱」といった中国の伝統的なガバナンスの仕組みは、近代化の複合的な力学のもと、瓦解しはじめている。毛沢東思想が中軸をなした時代から延々と今日まで続く街道弁事処は、末端の都市経営において際立った重要性を帯びている。そして、選挙が（今なおどういうわけで）なされないにしても、街道弁事処は、地元のニーズに何らかのかたちで応えなければならない。さらに、その公益事業に資金を手当てするために収益を上げる必要があり、制度の「二重性」といった典型例のように、さまざまな経済活動に携わることによって捻出している。

このヒエラルキー型の管理制度には、ほかのところからも、亀裂が入りはじめている。その原因を蔓延する汚職にみる人々もいるであろう。しかし、〝関係〟というつながりが物事を成し遂げる手立てで、長期にわたる互恵にもとづく人間関係が今なお何らかの価値をもつ国で、紛れもない汚職を見出すことは必ずしも容易ではない。全般的にみれば、中国は腐敗の認識度において、世界の国別比較で中ほどのグループに入っている。むろん、あばかれ、罰せられた、誰もが知っている甚だしい横領事件は存在する。だが、少なくとも当分の間、党・国家は、そうした逸脱を限度内に保つことはできよう。いまだに欠落しているのは、政府業務の社会に対する説明責任に関わる何がしかの制度である。もっとも、土地利用計画に一般の人々を関与させる一部の試みは、これまでのところある程度の成功を収めている。しかし、非常に高い識字率、より流動的で、しかも才気がみなぎる社会、ますます進むメディアの開放性、そして法的保護への高まる期待は、共産主義の伝統的なレトリック通りの「大衆」ではなく、みずからの利益を守り、政府に取り計らいを期待していることについては要求も辞さない新興市民社会なる手強いフォーメーションに、政権が、より注意を払わなければならないであろうことを、まさに示唆している。

これから先の進路——持続可能な都市とは

紙幅の限られた本書での検討課題を設定する際、これから論じようとする物語には、始まりはあるが（実際に、多くの有力な説があるが）、きちんとした終わりがないことを述べた。中国の都市への変貌は、未完の物語である。さらに、その結末は予測できない。これには明白な理由がある。ひとつには、今後生じるであろうことは、かなりのところ、持続可能な開発に関わる諸問題への中国政府のアプローチに左右されるであろう。持続可能性は、広範で、包括的な目標として、一九九二年、リオ・デ・ジャネイロの地球サミット——各国政府は、アジェンダ21という共通の名称のもと、経済、社会・文化、環境に関わる長期目標をどのように達成するかの具体的な計画づくりを約束——以来、幅広く取り入れられてきた。中国は、世界的にも国別行動計画（ナショナル・アジェンダ21）を作成した先駆けであり、それには、持続可能な開発の総合戦略・政策、持続可能な社会開発、持続可能な経済開発、合理的な資源利用・環境保護戦略といった四大方策が含まれた（Ng, Chan, and Hills 2002）。しかし、国家目標のヒエラルキーにおいては、高い経済成長率の増進が、その特別な位置づけを保ち続けている。アジェンダ21を表明して以来、中央政府は、全国レベルから、省、地区、さらには末端レベルにいたるまで、持続可能性に関わる諸目標と総合的な開発とを統合した数多くの具体策を講じてきている。しかし、伍美琴ほか（Ng, Chan, and Hills）が論じているように、なさねばならないことが山積みである。

一九九二年の地球サミット以降、持続可能性に関する課題への中国の対応とは、環境や社会の変貌過程へのより効果的な取組み、ならびに、経済成長の増進とそうしたものとの調整がなければ、過去二〇年間にわたってこの国が享受した高い経済成長率は、今後、絶対に見込めまいとの認識の高まりを、まさに映し出しているように見える。同時に、持続可能な開発の見通しを確かなものにできるかは、政策や法令が、省および末端レベルにおいて効果的な行動に移されるようにする、中央政府（北京）の力量しだいということも明らかである。経済、社会、環境問題のせめぎ合いが最もひしひしと感じられるのは、まさしくそうした地方レベルである。おそらく、そこにひとつの大きな課題——すなわち、持続可能な開発のための上からの国家戦略が、本質的により局地化された特定区域・集団の利益と、どの程度折り合いをつけられるかといった難題——がある（18）。

最後に、地方ならびに中央の政策立案者やプランナーに大きな課題をもたらし続けている、都市の持続可能性に関わるいくつかの問題を、既存研究をもとに、ごく簡潔に整理しておきたい。最初に、大都市の武漢（中央部に位置する主要都市）ならびに昆明（南方の都市）の環境問題を取り上げる。次に、中国の都市にて高まる失業問題にふれる。その後、特に都市部を中心に、中国の貧困と所得の不平等の問題を考察する。

都市環境

武漢は、長江デルタから約一、〇〇〇キロメートル、長江と漢水の合流点に位置する工業の一大中心地である。一九九七年、イギリス・中国による武漢の環境問題ならびに政策対応に関する二年間の研究が完了した（Taylor and Xie 2000）（註2）。この研究は、主要な結論として、以下に直接引用するように、三点を掲げている。

(1) その都市環境は著しく悪化しており、高濃度な二酸化硫黄、窒素酸化物、降下煤塵への対処が急務である。地表水の多くは、主として不十分な汚水処理のため、高度に汚染されている。すべての区域で緊急に改善をはかる必要がある。今後、農村工業からの汚染が深刻化するであろうが、主要な汚染源は、引き続き都市の国有企業である。

(2) 武漢は、環境モニタリングの枠組み、報奨、制裁、環境保護への資金手当ての制度と合わせて、大部分の区域を対象とするきめ細かい、複雑な法規システムを備えている。

(3)　こうした体制は、今日の都市環境に関わるニーズを満たすには不十分であり……さほど浸透しておらず……環境部門による勧告は、［企業によって］たびたび無視され……環境計画についてはあまりに全般的なレベルでなされるため、その効果が乏しく……環境影響評価は粗雑なようで……資金が足りず……要求事項は不明確で……汚染費の設定は低すぎ……汚染防止にあてられる資金は限られている（157）。

こうした結論は、武漢に特有のものであり、今やいささか時を経ているが、中国の他の大工業都市にも十分にあてはまるかもしれない。持続可能な発展にむけて、地元での対策の重要性が強調されている。的確な環境モニタリングは、最初の一歩にすぎない。実施のメカニズムは、文書に明記されていても、実際に適用するのは容易ではなく、さらに、施行されているとはいえ、国有企業に立ち振る舞いを変えさせ、改良された技術を取り入れ、汚水処理を強化するため、地方政府と手を組むように仕向けようにも、首尾よくいかないかもしれない。武漢の数多くの国有企業は、政府の補助金なしには存続できず、閉鎖を余儀なくされてきた。残存する企業に一段と大きな金銭的負担を課すことは、さらなる破綻を招きかねない。したがって、確かに、より良い汚染防止策を強く求めることは、その通り大切なことであるが、同じく重要な雇用の目標との釣り合いもはかられなければならないかもしれない。中央政府が経済成長を明確に優先してきたうえに、全般に資力も欠けていることから、環境政策をどの程度まで進めるかといった問題に答えるのは難しい(註3)。

しかし、これは、健康を脅かしている環境問題の改善にむけて、何も策がないことを意味しているわけではない。ひとつの成功例が、雲南省の省都、昆明市から報告されている(Feiner et al. 2002)。昆明は、七〇〇万人の住民に一〇〇万人程度の臨時工を加えた地域人口を擁し、武漢とほぼ同じような大きさである。一九八〇年代初頭より、この都市はスイスの金融センターであるチューリッヒと文化交流事業に乗り出し、それは、まもなく、さらに踏み込んだ技術協力へと発展した。一九八七~九四年、水供給や汚水処理問題に重点が置かれたが、すでに一九九三年には、持続可能な発展への道を拓く重要な要素としての交通も含めようと、そのアプローチが拡張された(註4)。一九九六年、さまざまな要素からなる総合的な事業が、昆明の都市活力を、より高い持続可能性へと導きはじめ、策定されていた公共交通基本計画については実施に移された。この九年間に、スイス連邦工科大学チューリッヒ校(ETH Zurich)の都市・ランドスケープ・ネットワーク(the Netzwerk Stadt und Landschaft)は、昆明のプランナーを対象にした研究会や各種研修活動の開催に深く関与してきた。この事業の際立った成果は、①バス専用レーン方式による昆明のバス・システムの画期的な問題解決——既設の二路線に加え、さらに二路線を整備中——、②地域交通として、二〇〇五年までの短距離鉄道システムの導入、③旧市街の古跡を守る歴史的都市保全部門の設置と四合院の修復である。昆明の調査報告は、「チューリッヒとの共同事業は、都市の優れた特性を保ちながら、さらなる自動車への依存、大気汚染、耕地の乱開発を招くことなく都市の成長を促す昆明方式を実際にやってみせてきた。地域レベルの学際的計画アプローチ、しっかりとした末端・地域公共交通システムへの投資、そして環境保護を推進する取組みによって、昆明は、中国における今後の都市開発のモデル都市——最も緊急に求められるひとつのモデル——になるかもしれない」と結んでいる（67）。依然として、そうした成功談は、ごくわずかである（註5）。ここに取り上げたふたつの事例は、海外の専門家と中国の当局者との長期のかかわり合い、親密な人間関係もあり、良い結果が得られた。そうしたものがなく、しかも十分な資金手当てがなされなければ、技術援助の事業が著しいインパクトをもたらす可能性は、ほとんどない。

失業、さらには雇用なき成長の恐れ

ドロシー・ソリンジャー（Dorothy Solinger 2003）のきめ細かく研究された悲観的な論考、“Chinese Urban Jobs and the WTO”〈中国の都市雇用と世界貿易機関〉によれば、中国の都市労働人口の二五％（約二億人）は、今や、失業もしくは単に名目上の雇用状態である（註6）。このような膨大な数に達した要因は、いくつかある。武漢のように、都市における数多くの国有企業の閉鎖や人員削減については、すでに述べた。一九九〇年代半ば以降の全般的な経済成長率の低下も、もうひとつの理由である。競争の激化あるいは不適切な経営のため、農村工業は、一九九〇年代後半より、その雇用をことによると三分の一程度も縮小せざるを得なくなってきた。より深刻なのは、産業投資において高まる資本集約度であり、一〇〇万元投資されるごとに、雇用減が生じることになる。改革の時代が始まったばかりのころ、雇用創出は年九％という史上最高の水準であった。現在、これが〇・九％を下回るまでに落ち込んでいる（65n.19）。さらに、目下の需要は、比較的高い教育水準の若年労働者に向かいがちである。近い将来の潜在的な難題としては、WTOルールの発効によって生活が脅かされようとしている、さらに一億もの農業労働者の危険な存在がある。ソリンジャーは、全体像は「ますます明らかになりつつある。中国がグローバル経済により深く足を踏み入れるにつれて、数百万ものより良い地位を得た市民は困難にうまく対処し、みずからのキャリアを高めていく一方で、何百万もの人たちは、現役生活を突然断たれ、潜在的な能力を十二分に高めることなく、状況はますます絶望的になり、世界市場や貿易業者からすすめられる魅力的な商品のどれにも手が出ず、零落することが予期される」と述べている（87）。ソリンジャー自身は、何ら処方箋を示していない。だが、中国各地の都市にて繰り広げられている、何らかの雇用保障あるいは受給資格のある積立年金の払い戻しや、政府へ然るべき諸手当を強く要求する、労働者たちの抗議行動の高まりを案じている。要するに、経済成長を最優先し、雇用は結果的についてくると願うだけでは、もはやすまされない。現在、事実上、雇用なき成長といったなかで、中国全体の近代化プロジェクトは危機にさらされている。もっとも中国に限ったことではないが、人々は、公正をともなった成長を求めている。そうしたかたちにできなければ、安定性に欠ける恐れがある。

貧困と所得の不平等

中国では、総じて、貧困は農村部に集中している。それでも、農村の貧困はしだいに緩和されつつあり、近年は、都市部の貧困が深刻化している。一九八八〜九五年の統計的な分析にもとづくカーン&リスキン（Khan and Riskin 2001）の推計では、都市の貧困者率は、この時期に急激な上昇が見られ、約八%に達している（77, fig. 4.2）。ただし、そのサンプルには、国有企業の人員削減、破綻がもたらした一時帰休や——大半はその後に発生したが——、多数の一時的な出稼ぎ労働者（流動人口）が含まれておらず、そうした人々の多くは、貧困層に加算されなければならなかったであろう(註7)。

しかし、期待がふくらむ時代に、貧困とは、とりわけ農村部において、蔓延するばかりか、ますます高まる所得の不平等の一側面にすぎない。示唆に富む比較がなされている。上述の七年間に、家計所得に農業収入が寄与する割合は、七四%から五六%へと下がり、賃金収入については、九%から二一%へと伸びた（この後者の推定値は、農村工業の高まりを反映）。また、不平等度を示す指標（ジニ係数）は、〇・三四から〇・四三へと上昇した。このふたりの著者によれば、不平等度の高まりは、一部世帯の賃金収入の伸びに、かなり起因している可能性があるという（144）。

鎮や市では、より急速に所得の不平等度が高まり、同時期に〇・二三という低い数値から〇・三三へと四二％もの上昇をみた。家計所得への寄与の割合については、賃金が六一％にまで伸び、退職者の所得は七％から一二％へ、所有者占有住宅の賃貸相当額は四％から一一％強へとそれぞれ上昇した。彼らによれば、住宅資産が、都市部における不平等のおもな原因であることが明らかになったという。個人が所有している住宅の五分の三は、都市人口のなかで最も裕福な一〇％の人々のものであった（145; Wang 2003 参照）。これらの数字についても、やはり、都市の暫住人口（都市労働力の三分の一をも構成するかもしれない人々）が考慮されていないことを指摘しておく必要がある。もし含められていたなら、都市における所得の不平等度は、かなり高まっていたであろう。

このふたりの著者は、都市、農村を個別に分析しているが、彼らは、貧困と所得の不平等を密接不可分なものとしてとらえている。都市の貧困と所得の不平等度の指標は、依然として、国際的な水準では相対的に低いとはいえ、その傾向は極めて深刻である。こうした状況のひとつの打開策は、新たな雇用の創出ということになろうが、先述の通り、その見込みはほんのわずかである。

中央政府は、こうした問題に気づいているように見えるが、対策を講じる能力はかなり限定的である。指示はできるが、必ずしも実行できるとは限らない。カーン＆リスキンが指摘しているように、北京の財政能力は、世界で最も低い部類で（今なお残る計画経済体制により、政府は予算外資金を当てにできるが）、地方政府では、開発のために公有制の土地をリースすることを含め、みずから手がける営利活動からの収益にますます依存している。さらに、都市ガバナンスに関わるひとつの流儀があり、第六章にて論じたように、地方のプランニングの細部については、大部分を地方当局とさまざまな経済エリートとの話し合いに任せている。そうした地方レベルでの自由放任政策は、残存する儒教的価値観だけで抑えられているが、これまで述べてきたような持続可能性に関わる諸問題には効果的に対処できそうにない。したがって、ガバナンスの仕組みが〝中央のさらなる指導の方向へ〟と転換されない限り、これまでに描き出された潮流（環境の悪化、失業の増大、貧困の深化、不平等の増大）は、止みそうになく、ひとりでに消滅することは決してないであろう（註8）。

持続可能な都市とは、市場の諸力が自由に働くことで自然に沸き起こるものではない。政府の介入は不可欠であり、上層部は割って入ることが求められよう。開発の重点は、再検討される必要があろう。さまざまなことを犠牲にして経済成長を最大限に高めようとすることは、すでに生じている多くの問題をさらに悪化させよう。地方の財政制度については、特に不動産への課税、土地投機の抑制に関わる見直しが求められる。地方における制度の「二重性」は、制限されるべきである。都市の公共交通システムは、自家用車よりも優遇されなければならない。現在、WTOによって危機にひんしている農業分野にて、商業化の進行を減速させることは、高度な国家的優先課題のようにみえる。荒廃地での膨大な植林や他の保全事業への取組みは、さらなる砂漠化を食い止め、できれば押し戻すほどに十分でなければならない。大規模な代替エネルギー源（太陽熱・風力発電）の開発は、まもなく不可欠となり、中央アジアへの遠距離パイプラインよりも費用がかからないかもしれない。中国の内陸地域への民間投資は、具体的な刺激策によって促進され、なおかつ然るべきインフラストラクチュア事業によって後押しされなければならない。

こうした対策リストは、容易に拡張されよう。持続可能性には、農村と都市の双方での適切な対処が求められる（農村と都市は、むろん密接不可分である）。無秩序な状況と停滞との「中道を歩むこと」――経済成長をひたすら追求することに起因する、今にも生じそうな最悪の事態を自力で回避すること――は、容易ではなく、細心の注意を要する巧みな方向づけの積み重ねであるが、中国の人々の気風は、歴史的に、然るべきバランスを探し求め、見出すのに長けていることを示している。これから数十年間、現世代の人々がそうする意志をもたれるのを望むほかない。古来の『易経』に記されているように、「利貞（貞《ただ》しきに利《よろ》し）」〈正しい道を固く守ることが重要〉である。

原註

序論

註1　詳細については、Gernet 1996, Fairbank 1986 を参照。

註2　これらの詳細な解説については、第三章を参照。

註3　人類学者の王愛華（Aihwa Ong）は、その著書、*Flexible Citizenship: The Cultural Logics of Transnationality*〈柔軟な公民権：トランスナショナリティの文化的論理〉（1999）において、同様かつ丹念な議論を行っている。

註4　このような古典のやさしい概論に関しては、Waley 1939, Graham 1989 を参照。

註5　Abu-Lughod 1989 の優れた研究を参照。

第一章　歴史的足跡

註1　ウィートリー（Wheatley）は、ほかに、メソポタミア、エジプト、インダス川流域、メソアメリカ、中央アンデス、ナイジェリア南西部に広がるヨルバ族の諸国をあげている。最近の発掘調査で、長江中流域の湖北省に壁をめぐらせた集落が初めて現れるのは、紀元前三六〇〇年という早い時期にまでさかのぼるとも言われている。古代の安陽に関しては、城壁址が今なお発見されていない。二〇〇三年九月、考古学者の厳文明（北京大学）によるブリティッシュ・コロンビア大学中国研究センターでの報告。

註2　孔子の生没年は、紀元前五五一～四七九年とされる。

註3　ウィートリー（Wheatley 1971, 450）は、中国最古の詩集とされる詩経から、商代の都市の本質をとらえている、「商の都は整然とした都市で、四方の極とされる。その名声は輝かしく、その神霊は清らかである。長寿かつ安寧を得て、後嗣の我らにも庇護が及ぶ」の部分を引いている。ウィートリーの解釈では、この詩は、都市の伝統的な象徴主義における最高位の様式――「霊界の原型の模倣、中心と基本方位の象徴的表現、神霊の力が現世にいたる際の存在論的転位点としての〝中心地〟の役割、そして大宇宙と小宇宙の並行論」――を示している。「要するに、都は、その邑が営まれる〝世界軸〟として機能し、〝後嗣の我らにも〟庇護と繁栄が必ず及ぶように〝世界像〟のごとく整えられた」。

註4　長安の造営については、Wright（1978, 84-88）を参照。

註5　隋・唐から北宋までの都市への変貌に関する王才強（Chye Kiang Heng）の論考と合わせて有用なのは、蘇州が歴史に登場してから帝国時代の終焉まで、その都市形態を詳細に研究した許亦農（Yinong Xu）論文である（Xu 2000）。また、Steinhardt 1990 も参照。

註6　ティモシー・ブルック（Timothy Brook）との個人的な情報交換によれば、華北平原の南に広がる県城では、城壁は、一六

世紀後半になってはじめて随所で目にする特徴となった。城壁の建設には費用がかかり、高価な都市の土地・建物が取り上げられる。そこで、一般的に、地元の名士はそうした整備計画に反対する働きかけを懸命に行ったという。

註7　さらにもうひとつ、省と府の間に設けられた道については、支配機構上、完全な地位を得ることがなかった。

註8　地方長官と地元の名士との話し合いの場として、都市の〝衙門〟（官衙）が果たした役割については、Watt 1977 を参照。

註9　詳細については、第六章を参照。

註10　それでも、都市とは、際立った場所であった。モート（Mote 1999）は、農村・都市の対比を明確にする最近の試みのなかで、少なくとも明代末期以降、都市での暮らしは、農村では得られない社会的自由を人々に与えたと論じている。「限られた空間に数多くの人々が集中することは、明らかに都市的な姿勢を生み出した。都市に暮らす人々は、よそ者と付き合うことや、協力し合うことに慣れ、しかも生活する上で他人に対してひとりのよそ者でいられる能力は、都市に住まう人々に匿名性の苦楽を生じさせた」（762）。当時の中国の史料は、現代の読者に、「豊かで、心地よく、名士好みに洗練され、時に金満家のひけらかす品のない暮らしぶりや、何よりも、ほとんど言葉では表現できないほど多様で、活気に満ちた都市生活の情景」を伝えているという（763）。

註11　漢口は、漢水と長江との合流点に位置し、今日の武漢を構成する三都市のひとつであった。官の基準では、帝国の支配拠点ではなく、単なる「鎮」であった——清代には、商業中心地としての卓越した機能ゆえに四大鎮のひとつに数えられた——。ロウ（Rowe）の *Hankow: Commerce and Society in a Chinese City, 1796-1889*〈漢口：中国の一都市にみる商業と社会——一七九六～一八八九——〉（1984）を参照。

註12　満州族による支配の最後の一〇〇年ほどは、現実の社会問題への対応に地元の名士からしだいに大きな関心が寄せられ、末端レベルの共同社会をその明確な活動の場ととらえる関わり合いを目の当たりにすると、明代末期の再現のようである。そうした実践的な動きの背後には、どちらの時代にも、官の機能不全といった認識が横たわっていた（Rowe 1989, 10）。

註13　これに関しては、中国の都市において公共圏が現れる物的な環境を思い起こすとよいかもしれない。許亦農（Yinong Xu）は、中国における都市の公共空間について、興味深い見解を示している。「街路は別として、都市で何らかのはっきりとした機能を担う注目すべき規模の空間とは、具体的には、通常、中庭であった。都市の公共空間は、そこから生じた。……ある種の目的をもった空間は、物的に特定の敷地に織り込まれた社会制度のなかで位置づけられねばならなかった。都市部で、塀で囲まれた構内ではない、開かれた空間とは、街路や路地、もしくは空閑地のみで、後者については、城壁内に見られる部分を除けば、農家のそばに空いている土地と、社会制度上はさほど違いがなかった」（Xu 2000, 139）。この解釈では、中庭が、街路や路地以外では、都市における唯一の公共空間である。それは、寺院の中庭のみならず、いくつかの文献に描かれている貢院〈科挙の試験場〉あるいは〝衙門〟のような、官の施設もかもしれない。まさに、「都市の空間構成の基本単位として機能し、……しかも、……そのあらゆる要素を渾然たる一体へと仕立て上げるために、きわめて重要な役割を果たしたのは、個々の建物ではなく、中庭であった」（ibid）。

註14 ロウ（Rowe）が述べているように、「漢口での〝保甲〟制度の思いもよらぬ大きなねらいとは、他所と同じく、相互に責任を負う一〇戸ごとの保への人々の完全な組織化であり、階層的には、保長、大保長、都保正のもとに配された。……そうした組織化は、居住者一人ひとりの氏名、家族、職業、出生地といった事項を記録に残す厳密な戸別調査にもとづいた登録者リストの作成を、少なくとも前提としていた。そのようなリストを作成するひとつの目的は、一八七六年、漢口を解説するある方の言葉を借りれば、〝この土地に根のない反抗的な浮浪者を捜し出すこと〟であった」（1989, 297-98）。

註15 Esherick ed. 1999 の優れた論文集も参照。

註16 以下の詳説は、Chan 1994 の優れた論考（特に table 2.1）による。

註17 その後については、都市人口は、一九九〇年までに三億三〇〇万人（二六・四％）、二〇〇〇年までに四億一、〇〇〇万人（三二％）へと増加した（United Nations Centre for Human Settlements 2001, table A1）。なお、現在は、二〇〇〇年の人口センサスの第一次基本集計結果が公表され、国際的慣行により則した「都市」の新定義にもとづく、多少異なったデータも示されている。この人口センサスが実施された年、中国の都市人口は、四億五、九〇〇万人（全人口の三六％）で、毎年四・七％のペースで増加し続けている。一九九〇年代、増加した一億五、七〇〇万人のうち、六〇％近くは農村から都市への人口移動によってもたらされ、二二％は都市区域の変更、そして二〇％は都市の自然増加によるものであった（Chan and Hu 2003, table 2, estimation 2, p. 58）。

註18 それは、都市間の人口移動も厳しく抑え込んだ。

註19 何世紀にもわたる中華帝国では、郷里というアイデンティティの重要性が、かねてより論じられてきた。そうした見地からは、〝戸口〟制度は、多くの小農にはごく自然に思えたにちがいない。詳細については、第四章を参照。

註20 強制労働、集団処罰、辺境開拓であろうと、人気のない行政上の中核都市への人口定着であろうと、人々をある場所から他へ移動させるといった王朝政府の権力示威は、部分的に修正されるかたちで息づく、長年のやり方であった。たとえば、三峡ダム建設の陰では、長江の水位上昇にともなう河川整備のために、一三〇万人の地元住民が移転させられている。

註21 改革の時代の幕開けからおよそ二〇年間に、農村工業化は、飛躍的な発展を遂げることになる（第三章を参照）。

註22 今日の状況に即して、自主的に結成された団体の活動を示すため、〝市民社会〟という用語を「強勢をおかない」かたちで用いている。ブルック（Brook 1997, 25）は、そうした意味合いにおける市民社会のさまざまな形態を帰納的に分類する試みで、場所（村や郷里の団体）、職業（同業団体）、同好（宗教団体、慈善団体、文芸クラブ）、共通利害（政策支援団体、政党）の四種類を見出している。こうした区分に、宗族（親族）団体を付加したい人もいるかもしれない。中国における市民社会の理論的な討論についての考察は、第五章を参照。

第二章　地域政策

註1 開発途上（資本主義）世界では、一般に、高度経済成長期に地域間経済格差が深刻化する。戦略上重要な地点での直接的な

インフラストラクチュア整備、生産設備への各種補助を含む、いわゆる成長拠点政策を通じて、そうした趨勢に立ち向かい、何らかの地域バランスを取り戻そうとした政府もあった。このような地域政策の「古典的」な手法については、フリードマン&ウィーヴァー（Friedmann and Weaver 1979）にて、批判的に考察されている。

註2　それでもなお、魏也華（Yehua Wei）が述べているように、「内陸部の多くの地方政府は、他地域で生産された工業製品の市場浸透に歯止めをかけるため、価格シグナルを歪ませ、不当競争をつくり出すことでみずからの資源や市場を保護しようと、そのますます強まる行政権限を用いていた。地方の保護主義と〝投資飢餓〟は、規模や集積の経済に対する考慮をほとんど欠いた事業の重複を、さまざまな地域で引き起こしてきた」（Wei 2000, 206）。中国の伝統的な地域主義は、経済の効率性という処方箋にかまわず、そうした取組みを通じて、再び幅をきかせているように見える。

註3　地域格差や、さらに重要なことに、地域の貧困は、単純な梯子状の現象ではなかった。まさに同程度の格差は、沿海部の省がなす地域の内部にさえ見られる（Wei 2000, 133-139を参照）。

註4　同書は、オーストラリア社会科学アカデミーが、南オーストラリア州アデレードのフリンダース大学にて、そして中国科学院が、北京の地理研究所にて開催した研究会をもとに、刊行されている。

註5　上海ならびにその後背地については、Yeung and Sung 1996, Wei 2000, Marton 2000を参照。

註6　珠江デルタに関するおもな論考には、Vogel 1989, Tracy 1997, Lin 1997, Yeung and Chu 1998, Yeh et al. 2002がある。

註7　一九九七年、香港は中国の特別行政区になり、その二年後には、マカオが同様な条件で中国へ返還された。

註8　このほか、福建省も、厦門が経済特区に指定され、台湾からの投資を取り込もうと、特恵扱いの区域になった。上海は、その後もおよそ一〇年間、近代化に向けてみずから攻勢にでるような「自由化」がなされなかった。

註9　香港の製造業の雇用は、一九七一年、全雇用の四七%という最高値に達したが、一九八一年には四一%に低下、一九九一年には二八%へ急落、そして一九九九年には一一%へとさらに下落した。ヴォーゲル（Vogel 1989, 445）は、次のように記している。「香港の企業は、その製造部門を猛烈なスピードで国境を越えて広東へ移転した……。法廷にもち込まれた多くのケースは、香港の労働者が朝出勤すると、機械が夜のうちに国境を越えて運ばれ、工場がすっかりもぬけの殻になっているのに気づいた、というものである」〈日本語訳：『中国の実験』中嶋嶺雄監訳 1991, 570. 日本経済新聞社〉。

註10　ジニ係数は、不平等度を統計的に表すものとして広く用いられている。係数〇は、たとえば所得分配において、完全な平等を意味することになる。この場合、ある一定地域にて、人員の一〇%が、創出される所得の一〇%を得るもので、どの百分位数においても同様な状況である。他方、係数一は、完全に不平等な状態を意味する。現実問題として、全国・地域レベルではじき出される実際の所得不平等度は、およそ〇・三〇（比較的平等）から〇・六五（非常に不平等）の範囲である。

第三章　農村の都市化

註1　建制市・鎮の定義の変化については、Zhu 1999, appendix 1を参照。

註2　人類学者のトーマス・ヘベラー（Thomas Heberer）が作成した階層構成にならい、グレゴリー E. ガルディン（Gregory Eliyu Guldin）は、中国農村部について、次のような序列を降順に提示している（2001, 264-65）。上位――(1)有力な党・政府幹部、(2)大規模な非私有企業の経営管理者、(3)それぞれの土地にてかなりの資金力を有する大規模な私有企業家。中・上位――(4)その他の幹部、(5)専門技術者、(6)その他の大規模な私有企業家、(7)小規模な企業の経営管理者。中・下位――(8)集団所有制企業の従業員、(9)小規模な私有企業家。下位――(10)集団所有制企業の契約労働者（出稼ぎ労働者以外）、(11)私有企業の労働者、(12)小農、(13)出稼ぎ労働者。

註3　これらの雇用に関する統計について、マルトン（Marton 2000）は、次のように述べている。「そうした公式統計は、職業上の重複や兼業が数多く存在した事実を覆い隠し、農村労働者の絶対数には、都市部（特に建設業）での就労のために流動している一部の人々も含まれていた。主として農業に従事している人々の多くは、たとえば、少なくとも就労時間の一部を、非農業活動にあたることにも費やしていた。さらに重要なことは、とりわけ農作業の繁忙期にあっては、農村労働者が、しばしば、工場やその他の非農業活動での職務を免じられるという事実であった」（77）。

註4　ちなみに、一九八〇年、メルボルン、フィラデルフィア、ロサンゼルス、カラカス大都市圏の全体としての人口密度は、それぞれ、四六八、五一六、七〇九、一、〇七三人／平方キロメートルであった（Corporació Metropolitana de Barcelona, 1986）。

註5　類似した戦略は、一九七五年、ジョン・フリードマン&マイク・ダグラス（John Friedmann and Mike Douglass）が名古屋で発表した国際会議論文で提案され、その後、羅福全&カマル・サリー（Fu-chen Lo and Kamal Salih）が編集した書籍に再掲された。その目的は、「農村固有の環境にアーバニズムの要素を持ち込み、しかもなじませて、農村を変えていくことであった。これは、都市への投資を進め、農村の人々が都市へ向かうのを助長するのではなく、農村部への投資によって、人々がその場にとどまり、さらには既存村落を〝アグロポリス〟（田野のなかの都市）と名付けたハイブリッドな形態へ転じるのを促進するものである。アグロポリスの開発により、都市と農村との長年の対立は越えられる」（Friedmann and Douglass 1978, 183）。この論文で詳述されたモデルは、一九八〇年代以降、中国の沿海部にて実際になされた〝その場〟での都市化への実質的な案内図になっている。

註6　中国における各種工芸の伝統に関する詳しい歴史的論考については、Xu and Wu 2000 を参照。

註7　興味深い挿話のなかで、ジョナサン・アンガー（Jonathan Unger）は、ある種の気質、異文化への理解、姿勢は、政治的な大変動にもかかわらず、世代を越えて伝えられるのかもしれないと述べている。そして、「大規模な農業区でさえ、生産特化や農法での成功は、多くの場合、何代にもわたって受け継がれた親族のノウハウ、あるいは、個々人のそれまでの就労経験に関係しているようである――ポスト毛沢東時代、独力で農村の運送業で生計を立てるとすれば、集団化された社会体制のもとでトラクター運転手または自動車整備士であった者は、確かに有利であった――」と記している（2002, 136-37）。

註8　遅福声は、農民から身を起こした。集団所有制企業の総経理ならびに村長（現在は鎮長）になる前、彼は六年間の学校教育を修了していた。これまでに、村の書記のほか、民兵組織のリーダーも務めた（Hoffman and Liu 1997, n.13）。農村人口の

多くが読み書き能力に欠けていた国において、そこそこの教育は、遅福声を村で最高の座にまで押し上げるのに明らかに役立った。とはいえ、彼は将来への展望を持ち、相当な経営能力を備えた人でもあった。

註9　歴史上の前例についての先の考察に照らし合わせると、次の論考は興味を引く。杭州や温州の発展についての研究において、フォースター&姚先国（Forster and Yao 1999）が指摘するのは、そうした都市が伝統的に利益を重視し、商業活動に敬意を払うといった、「主潮をなす儒教的価値観に対抗する文化的伝統である。……南宋の時代、温州に、永嘉学派として知られるひとつの学派が現れた。それは、牛耳を執る儒教的価値体系を批判し、富国のために商工業ならびに利益をより重視することを提唱した。……一九世紀末には、「東甌三傑」として名高い、温州東部の学者三名が、その基本的な立場を改めて主張した。こうした際立った文化的、思想的伝統は、温州の人々が備える企業家精神の基盤となり、改革の時代に大いに寄与してきた」(67)。

註10　候補者の選定方法は、村によって異なる。候補者の推薦が、党によってなされることもあれば、村の長老によることもある。あるいは、小村落（自然村）が、みずからの候補者を推薦することもあるが、選挙は村全体でなされる。ある村では、有権者が独自の候補者を推薦することがかない、得票数において上位五名を正式な候補者とするように、その名前が公表され、投票に付された（この場合、その五名とは、自然村のリーダー三名、現職の村長、そして村の会計であった）(Unger 2002, 218-22)。

註11　中国における「二重性制度」をめぐる論考については、第六章を参照。この概念は、公的機関、私有企業、集団所有制組織に明確な境界がなく、それに何ら懸念も抱かず、時に応じて異なる役割を引き受ける能力が欠けていることをいう。

註12　ジョナサン・アンガー（Jonathan Unger）は、「選挙プロセスは、村から徐々に上級へ向かいつつある」と記している。「多くの農民と最も関係がまずい農村の行政のレベルは、郷である。農民には、末端レベルで最も多くの費用、税、罰金を求めてくる震源のように見える。村レベルの選挙では、郷レベルのリーダーに対する農民の不満を鎮められない。下級レベルで幹部を選出するプロセスが農民の信用を取り戻すのに上策であるなら、郷のリーダーについても選挙を進めてはどうか。北京の最高指導者らでさえ、いくらかは、そうした考え方に心を引かれている」(2002, 221-22)。このような問題のさらに詳細な論考については、Saich and Yang 2003 を参照。

註13　行政上、ひとたび村が都市に転じると、それは（都市の居民委員会に再編され）、村民委員会という自治組織のリーダーを正式に選出する権利を失う。

註14　泉州の農村都市化に関するこの論考は、一九九〇年代後半の全国的な調査データにも言及している、広州の〝城中村〟についてのより詳細な研究と見事にかみ合う（Zhang, Zhao, and Tian 2003）。〝城中村〟は、低所得で、しかも公的な低価格住宅へのアクセスを拒まれている流動者が集住する空間の総称である。こうした集住空間は、大都市中心部にもかなり見出せるが、その大部分は都市周辺部の村に見られる。広州での調査によれば、大多数の流動者は、非常に高密度な空間ではあるが、みずからの住宅事情に満足している。「遠く離れ、孤立した農村部より生活環境が良く、相当数の住居には、水道、電気、

専用の炊事場、水洗便所、排水溝といった必要な設備が整っている」(923)。それでも、著者らは、「いくらか……〝城中村〟は、世界の他都市に見られるスラム街の劣悪な状況と多少似通っている」と主張する(924)。これは、粗雑すぎる見解かもしれない。世界各地に見られるスラム街は、非常に異なった手立てで自助建設されている――大勢としては、居住者自身が手近にある材料で建てる片流れ屋根の家屋である――。個々の住居は、時を経て、集約整備されることもあるし、そうでないこともある。また、不法占有者の区域は、ひとたび土地利用が確定され、都市基盤施設が延伸されるやいなや、碁盤目状の市街地に組み込まれるかもしれない。そうした全体のプロセスは、アンダーソン(Anderson)や広州での研究にあたった著者らが描くものとは大いに異なる。流動者の住居に関するより詳細な論考については、次章を参照。

註15 コミュニティ開発は、人類学者、社会学者や、ボランティア部門の心に響くアプローチである。それは、いわゆる貧困削減戦略の遠回しな表現であり、まさに経済発展が生じていないところに適用される。コミュニティ開発の専門家は、給排水など、いわゆるコミュニティのニーズを見極め、時に外部の物質的援助も得ながら、人々がみずからの手で必要な施設を整備するために共同体を動かすのを支援しようと、地元住民とともに作業を進める。この種のコミュニティ開発は、インド、パキスタン、サハラ砂漠の南に位置するアフリカ諸国にて広範に用いられている。

第四章　新たな空間的流動性

註1 必ずしも厳格に実施されたわけではなく、むしろ、中央政府の各部門は、時に、相反することに取り組んでいた。程鉄軍&セルデン(Cheng and Selden)が述べているように、「一九五八年より、国家は、耕作者をその土地に縛りつけ、特に、都市への流入を阻止し、大都市の人口を引き下げるための厳しい手立てを講じようとしたが、皮肉にも、都市への流入者数は、大幅に増加した。人口移動は、大躍進のさなかにピークに達した。当時、喧伝された空想的な生産高とは対照的に、〝それ〟は、でっち上げられた数字の一例ではなかった。この矛盾した結末について、ふたつの密接に関連した真相とは、何よりもまず、当時、国家の優先事項は人口管理ではなく、加速度的な発展であった事実である。その厳しい新たな規制は、都市の数多くの工場など、企業が労働者の採用に乗り出し、あっさりと一蹴された。さらに、新しい条例が国家の手が届く範囲を拡張したまさにそのとき、分散化と大躍進という混乱が、行政管理の全般的な機能停止を引き起こした」(1994, 665)。

註2 王豊(Feng Wang)によると、一九九三年、中国の人口の三分の二近くは、市政府の行政区域内に暮らし、この広義のとらえ方によれば、それは「都市」と定義されうる。しかし、実際に携わっている活動に関係なく、大多数の人々は農業戸籍にとどめられ、こうした「都市」の解釈では、非農業〝戸口〟の割合は三二%にすぎなかった。より狭い定義では、一九九三年、都市人口の割合は二九%とされ、そのうち、二七%のみが農村〝戸口〟であった(Wang 1997, 154, table 1)。

註3 マリー(Mallee)は、人々の移動は、たいてい、個人よりも家族の決断であると指摘している。なお、人口移動の流量と郷里から離れている時間を変数に加えてよいかもしれない。こうした変数は、家族が有するそれまでの離郷した経験、具体的に検討している土地で仕事を見つけられる可能性(向かう先を理解せずに出発する流動者はほとんどいない)、そして、こ

の国の全般的な経済状況に左右されよう。農村の貧困世帯は、遠方の都市へ出た者がいつまでも職探しでは支えきれない。

註4　張力ほか（Zhang, Zhao, and Tian 2003）に記されているデータによると、一九九五年の調査では、流動者の職業はつぎのように構成されていた。経営管理・技術スタッフ一・〇%、熟練労働者二二・五%、生産労働者六八・〇%、補助労働者八・五%（table 2）。著者らがみずから実施した〝城中村〟調査（一九九九年）では、流動者の学歴に、非常に大きな偏りが見出された。サンプルとされた流動者四五九名の七一%は、中学・高校教育を修了し、一〇%は、少なくとも、何らかの大学教育を受けていた（table 4）。それにもかかわらず、大部分の流動者は、インフォーマル部門で臨時に雇われている。「彼らは、手に入る仕事には何にでも就く。そうした仕事の多くは、一時的なものであるため、ひとつの仕事だけにしがみつく流動者はほとんどいない。ひと握りの自営業者とは、実際は、ささやかな物売りや職人である。出身地ならびに職業の驚くべき多様性は、今日の中国にて流動者が形成する集住空間の複雑なパターンを反映している」(921)。

註5　この見解の根拠は、明らかではない。基本的に、農業労働者が「余剰」とみなされるのは、この部門から同じだけの総生産高が、そうした労働者なしに産出されうる場合である。しかし、そうした算定は、推論にすぎず、問題の多い仮定をもとにしている。

註6　張鸝（Li Zhang 2001, 129）は、北京の浙江村で、家内作業場で他省からの出稼ぎ女性を雇う元締め（温州出身）のなかに、一年ほど支払いを止めているケースもみられると伝えている。

註7　アンダーソン（Anderson 2003, 50）は、「一部の人々は、工場労働者を目当てに、村あるいは工業団地内に、店舗を借りている。店の種類としては、飲食店、衣料品・靴店、携帯電話・長距離電話取扱店、美容院、自転車修理店、家庭用品店、たばこ・清涼飲料などの小さな商品を扱う売店などがある。店主らは、通常、店舗の賃貸料を支払うと、（そうした人々のじつに多くがスタートを切った）工場労働者であった頃以上の収入を得ることはないが、店を切り盛りするほうが気楽であるという。……街路においては、荷車を押すか、かごをさおで担ぐ果物売り、仕立屋あるいは靴の修理屋、CD・カセットテープ、本、髪飾り等の小物売りなど、その他の小商いも見られる」と記している。

註8　張力ほか（Zhang, Zhao, and Tian 2003, table 5）は、興味深いコントラストをみせる広州の調査データ（一九九九年）を提示している。四五五名の流動者をサンプリングし、平均月給は、郷里を離れる前の二六七元に比して、一、〇二八元であったという。月々の貯蓄は、四二五元であり、そのうち三四七元は、故郷へ送金されていた。ただ、こうした平均値は、実際の所得分配を覆い隠す。郷里を離れた後、サンプル調査された流動者の二二%が得ているのは、五〇〇元／月に満たず、その相当な部分が、食費ならびに宿泊費にまわされた。したがって、貯蓄や送金は、より小額であった。

註9　張力ほか（Zhang, Zhao, and Tian 2003）は、流動者の住居に関する研究で、「中国都市部の流動者の居住地は、多くの場合、同郷の人々によって形成され、何かに専門化した生産でよく知られているが、すべての〝城中村〟が、特定の方言、文化等を共有する人々の集団にもとづき、しかも職業上の特化が見られるとは、必ずしも限らない。……流動者が集住する空間としての幾多の〝城中村〟は、実際には、北京の浙江村、温州村のような特定方言・文化等を共有する人々の顕著な結びつき

はなく、社会的に緩く構成されていたことを見出した」と述べている（919）。

註10　慣例により、中国での言語的差異は、通常、方言として見なされる。しかし、それらの多くは、まさに西欧にてオランダやスイスのドイツ語が方言というよりも、むしろ別の言語とされるように、互いに理解できない。谷間ごとに、それぞれの土地に特有な「方言」が話されることがある農民たちの共同社会間では、そうした差異が一段と増幅される。

註11　帰還型の人口移動に関する本格的な研究については、Murphy 2002a を参照。

註12　国連の推計によると、中国の都市部に暮らす人々の割合は、二〇〇〇年の四〇・六%から、二〇一五年には五〇・八%、二〇三〇年には五九・一%へと上昇する（United Nations Department of Economic and Social Affairs 1998, table A.2）。このように見込まれる増加の大部分は、おそらく、人口移動に起因するものである。

註13　省レベルで、より徹底的に投資を引き込む戦略が、四川を事例に、洪歴建（Lijian Hong 1999）によって報告されている。それは、いわゆる「借船」政策である。この政策のもと、「地元企業は、経済特区に与えられた優遇措置の恩恵を手にするために、中国の沿海部、特に経済特区に〝窓口企業〟を設立し、中国の沿海部での急速な経済成長に便乗するように奨励された。この政策の最も重要な部分は、ひとたびそのような窓口企業が設立されると、それらは、四川への投資を認められるというものであった。経済特区からの企業として、そうした窓口企業は、特別免税を受ける資格を得た。一九九〇年末までに、四川は、七〇〇を越える窓口企業を設立した。……［そして］三、〇〇〇万元が、四川へと流された」と洪歴建は記している（197）。

第五章　個人の自律性に関わる空間の拡大

註1　閻雲翔（Yan 2003）は、中国最北端に位置する黒竜江省の一農村をめぐる優れた民族誌にて、同様な結論に達している。その村には工業などなく、その主要作物はトウモロコシである。貧しい村で、集団主義の時代には、党幹部の指導のもとではあったが、村のすべての人々が参加する公的生活のようなものがあった。人民公社制度が崩れると、人々は公的生活から身を退き、自宅という私的空間へと引きこもった。そして、人々は、新たに手に入れたテレビの前で、多くの時間を過ごし、自分たちの村を越えて、より広い世界へ実体験するかのように加わったが、やはり実際の生活は、多くの人々にとって、単調に感じられた。じつは、多数の人々は、農業「請負」制に抵抗していた――むろん最終的には実施されたが――。こうした公的生活からの引き揚げは、（特により若い世代のなかで）一段と高まる個人の自律性というような感覚、急速に増すプライバシー意識、新しい交際パターンなど、数多くの他の変化をともなった。こうした潮流は、中国の大都市においては、より増幅されたかたちで反復されよう。

註2　中国都市部の日常生活に関わる最近の優れた論考には、Weston and Jensen 2000, Davis 2000, Chen et al. 2001, Link, Madsen, and Pickowicz 2002 がある。

註3　ここでは、暫住証制度が蝕まれていることにはふれない――それは、数千万人に及ぶ労働者の都市への流入を可能にした

——。詳細については、第四章を参照。

註4　トンバ（Tomba 2004）は、これに関して、より新しいデータを示している。一九九五年五月、国務院は、個人消費の増大を明確に意図して、週休二日制を義務づけた。トンバは、さらに、「三大都市にて実施された最近の研究によれば、都市の被雇用者が手にしている平均余暇時間は、すでに実際の労働時間を上回っている」と述べている（10-11）。ただし、「最も多くの余暇日数を与えられている人々とは、党幹部や高度な技能を備えた（文化、保健、研究・教育部門の）被雇用者である」とも付記している（11）。しかし、第四章にて考察したように、中国沿海部の都市周辺部に出稼ぎにきた労働者には、余暇の増進など無縁であった。休みもなく、幾日も続く一二時間労働制も見られ、とにかく賃金が支払われると運がよかった。

註5　デービス（Davis）のデータは、都市〝戸口〟を有する者に限られる。流動者の住宅事情は、むろん、異なっている。一九九九年、公安部によって実施された全国調査によれば、流動者の一六・一％は建設現場にみずからの手で建てた仮設住宅に、三二・一％は賃貸家屋に、二九・六％は雇用主より提供された寄宿舎に、一〇・二％は親戚や友人とともに、そして九・二％は簡易宿泊所に暮らしていた（Zhang, Zhao, and Tian 2003, table 6）。流動者の生活環境は、都市住民に比して、はるかに過密である。大多数の流動者は、たとえ既婚者でも、故郷の村（や鎮）に家族を残し、都市へ単身で出て来ている。

註6　こうした研究の成果は、二〇〇〇年のセンサスによって確認された。王豊（Wang 2003, 137）によれば、「都市世帯の住宅面積は、二〇〇〇年には、ひとりあたり二五平方メートルに達した。これは、二〇年間に、住宅面積が三倍近く増加したことを示している」。同年、都市世帯のほぼ四分の三は、持ち家であると報じられた。もしその通りであれば、これは驚くべき実績であるが、やはり、ひとりあたりの面積からみた住宅の不平等度は、所得のジニ係数を上回っている。

註7　〝気功〟は、武術、養生法、調心の鍛錬に加えて、宗教的な修行法でもある。西側の人々によく知られている〝気功〟のひとつは、〝太極〟である。法輪功という宗教的運動は、そうしたものの一種である。もっとも、政治化している様子が見てとれ、一九九九年以降、中国政府より「邪教」として抑え込まれている。

註8　中国都市部の消費者革命に関する優れた論考には、Davis 2000 がある。中国の大都市の富裕消費者層は、現在のところ、おそらく、都市人口の一〇％よりもさらに高い比率ということはなかろう。

註9　「個人の経済的権利を伸長し、保護する味方として国家をとらえることは、むろん、中国に特有のものではない」とフーパー（Hooper 2000）は記している。「より広範な開発の文脈では、そうした連携は、経済発展の初期に、多くの国々で——韓国、台湾からタイ、マレーシアまで——みられた特徴であった。個々人が経済発展の恩恵を受け、新たに〝中間層〟を形成するにつれ、これらの人々は、上昇する生活水準、拡大する消費が法的に保護されるように、一連の社会的関心を申し立てている」（127）。

註10　フーパー（Hooper 2000）が伝えているように、「中国において、インターネットは、相対的に依然として揺籃期にあるが、その利用者数は、一九九八年初めの推定六七万人から、一九九九年末にはほぼ九〇〇万人へと飛躍的に伸び、今や、その数

が半年ごとに倍増しているとも推計されている」（105）。手元の最新データは二〇〇一年末時点であるが、利用者数は、三、三七〇万人へと増大していた（Giese 2003, 31）。

註11　ここで、〝自由〟という言葉を意図的に用いたのは、そうしたものが出生時に与えられるような自然な事象ではなく、政治的に埋め込まれていることを思い起こすためである。

註12　とりわけ一九九〇年代後半、中国で活気をおびた政府・社会に関する知的な論考は、中国語で書かれた文献を読んでいない者には、まったく驚きである。当時の論争は、新自由主義者と新社会主義者によるもので、おもに学術界に向けられていた（Bonnin and Chevrier 1996, Barmé 2000 を参照）。こうした思潮を考えると、廖遜のような一見したところ穏健な「改革論者」は、新たな政治思想をいかに実践に移すか、明快で実際的な計画を持ち合わせていると、現実に、最後には昇進へとつながることがある。

註13　楊大利（Yang 1997, 31）は、海南省を「地域開発の優遇政策において、最も突出した試み」と論じている。

註14　たとえば、鄭宇碩（Joseph Cheng 2000）は、「政府機能の見直しとは、……国有企業改革の前提条件であり、かつ論理的帰結とみなされてきた。経済改革の主眼は、したがって、政企分離ならびに〝小さな政府、大きな社会〟の推進とされた。後者は、すべてのレベルの政府が、それぞれの機能を限定し、人々が必要とする財・サービスを市場から手に入れられるようにすべきことを意味する」と記している（12）。

註15　Gold 1990, Wakeman 1993, Huang 1993, Gu 1993-94, Ding 1994, White, Howell, and Shang 1996, Brook and Frolic 1997, Chamberlain 1998, Pei 1998, Cheek 1998。

註16　〝個人〟という言葉は、英米社会では重要な意味合いを有しているが、中国社会においてはそうではなく、個々の人は、みずからを親族等との複雑に絡み合った人間関係に織り込まれたものと理解している。パイ（Pye 1996）が論じているように、「個人の自律性や個人主義という概念とは広く対立する儒教の主要な特徴は、未だに変わらない。自己修養という目標は、既定の基準にもとづく道徳上の完成であり、それゆえ、個々人の独自性といった観点ではなく、文化的規範への適合性という点での優秀さが追い求められた。大人《たいじん》だけがみずからを高めようと努めることができ、大勢の臣民は手本によって治められるとの道徳上の到達度をめぐる序列があった。いずれにせよ、何よりもまず、個人の権利といった概念はなかった」（19-20）。しかし、今日の中国にて、個人の振る舞いを説明するにあたり、儒教的価値観を拠り所としても、限定的な妥当性しかないかもしれない。閻雲翔（Yan 2003）によれば、今日の個人は、明らかに「無作法」かつ自己中心的になっている。

註17　ギリシアの民主政治に関する観念的な論考については、Arendt（1958）を参照。

第六章　都市形成のガバナンス

註1　この記述については、ローズマン（Rozman 2003, 181）が異議を唱えている。彼は、地方のより大きな自律性といった意味での「分散化」は、明確に述べられた教義ではないが、儒教の基本的な理念であると論じ、地方主義とは、中央集権制の行

き過ぎに歯止めをかけるものと考えている。言い換えれば、儒教の伝統のなかに、よいガバナンスの基礎を見出している。ローズマンが信じて疑わないのは、経済的活力とは、地方の人間関係に始まること、そして、中央は道徳的指導を行わなければならないが、さまざまな意思決定を階層的に管理すべきではないということである。「地方主義への言わず語らずの儒教の是認を、伝統の擁護者たる共同体の役割を支持する明確な主張にすべき時である。個人や家族が、教育、企業家精神、知識をもとに成功を得るための手立てを講じる際に、障害となるものを中央政府が取り除いているなか、儒教の要素は、地方のアイデンティティや自発性には、力強い後押しになる」と彼は述べている（198）。しかし、こうした見解は、今日の中国において、さほど共有されていない。

註2　モート（Mote 1999）は、「[明代の]官衙とその臣民は、地方の統治が、主として社会的な行動について広く一般に受け入れられている基準により——すなわち、すべての人々が共有する文化に組み込まれた規範的な制約により——、達せられると考えていたのは明らかである」と記している（952）。古典的な論議については、Graham 1989 を参照。法家の思想については、始皇帝によって極端にまで推し進められたが、ジュリアン（Jullien 1995）は、次のように論じている。「徳行に努めることは、……有害であり、徳行を説く人々は、信頼できない。なぜなら、それは、さもなければ、それ自体をしっかりとつなぐものに緩みをもたらすからである。最高位の座の正しい唯一の用法は、それが〝自動的に〟働くのを認めることである。儒教の君主のように、引き立てることでみずからへの注目を集めるようなことはせず、意のままになるそうした体制を備えた皇帝は、その機構のなかに身を潜め、組織の歯車として動いている人と見分けがつかなくする。すべてを見通せるこの皇帝は、みずから姿を見せることなく、他者には透明性を強いるが、わが身はその不透明性で守っている」（53-54）。こうした考え方は、西側の近代史研究者には、一八世紀、イギリスにて自由主義的改革を提唱したジェレミー・ベンサム（Jeremy Bentham）——パノプティコン（囚人は中心部から監視されるが、囚人からは看守の動きをうかがえない刑務所）の考案者——を思い起こさせよう。

註3　クリール（Creel 1974）は、紀元前四世紀の思想家である申不害の著作について、「彼は、国を治めるには、徳目だけでは十分ではない——明確に理解、考案、研究される術がなければならない——との考えを明示した初めての人物とされているようである。これは、歴史を通じて間断なく続くことになる論議であった」と述べている（290）。

註4　「原始的蓄積とは、資本主義的生産様式の帰結ではなく、起点である［とマルクスは記している］」（Tucker 1978, 431）。マルクスは、それを「決して牧歌的なものではない」プロセスと見ていた（432）。

註5　行政レベルに関するこの記述は、多少、図式的であるが、より微妙な差異をくんだ考察については、Skinner 1977a, 301-7を参照。

註6　それゆえ、自治体としてのアイデンティティと、特に北欧や地中海地域で——たとえば、北のハンザ同盟に参加した都市、南のベネチア、ジェノバ等の都市のように——強力な都市国家の伝統を備えたヨーロッパの都市とは、似ても似つかなかった。

註7　「そこには、そこといったものがない」――アメリカの詩人、ガートルード・スタイン（Gertrude Stein）が、カリフォルニア州オークランド市について言ったとされる――。馬敏（Ma 2002）は、二〇世紀の最初の一〇年間に、蘇州で集団的自己意識のようなものが現れたことをつかんでいるようであるが、彼でさえこの都市の自治を主張することは控えている。

註8　この写真は、スキナー（Skinner, ed. 1977）のブックカバーを飾っている。それは、ストランド（Strand 1989, 76）でも、「前門からの外城」として複写されている。ストランドは、六人の警官しか見られないと述べている。

註9　詳細については、Esherick 1999 に整理されている優れた事例研究を参照。

註10　全国人民代表大会ならびに省、末端レベルの人民代表大会の歴史に関する興味深い見方については、Potter 2003 を参照。また、Dowdle 2002 の全国人民代表大会をめぐる最近の論議をよぶ評価も参照。

註11　上海のある居民委員会の主任は、新たに出現した業主〈住宅所有者〉委員会との緊張状態について、次のように語っている。「私たちの区域は、居民委員会、業主委員会、そしてこの業主委員会が契約する住宅管理業者といった別個の三組織によって運営されている。居民委員会は、区政府に対して責任を負い、区からさまざまな公的業務を与えられているが、営利事業を行う能力はない。業主委員会は、資金を集め、それでもって何でもやりたいことができる。住宅管理業者は、以前は行政の住宅管理部門の末端組織であったが、現在は財政的に独立している。それは、地元実業界の実質的な世話役であるが、政府に対する責務はなく、管理費を徴収しているが、ほとんど何もしていない。私たち［居民委員会］は、政府から与えられた職務をすべてこなしているが、資金を欠いている。私たちの予算は、二五〇元（三〇ドル）／月しかなく、このわずかな額では、電話代が払えるにすぎない」（Zhang 2002b, 318）。

註12　アメリカ合衆国の状況とは異なり、不動産会社や開発業者は、必ずしも民間経営ではなく、おうおうにして、地方政府のさまざまな子会社である。そうした組織については、「二重性」が語られてきた。

註13　中国に土地市場が存立しているように語ることは、いささか誤解を招く恐れがある。土地使用権の大部分は、名ばかりの費用で、行政上、〝単位〟に譲渡されている。工作単位は、次々に、規模の大きな住宅開発業者になっている。たとえば、一九九〇年、上海では、全住宅投資の八六％をそうしたものが占めた。周敏＆ジョン・ローガン（Zhou and Logan 1996）が述べているように、「工作単位の住宅やコーポラティブ住宅は、住宅市場化改革のひとつの移行段階とみなされ、次なる段階は、個人向け住宅市場の形成を推し進めることであった。これは、政治的にはむずかしい一手であった。社会各層からの潜在的な抵抗に直面した。……結果的に、都市労働者の全般的な住宅事情は、資金を投下することでかなり改善されたが、商品化された住宅の流れは、もはや住宅が無料でないこと以外は、旧来の制度と差がない」（415-16）。むろん、工作単位は、そうした取引から莫大な利益を得ている。

註14　こうした話は、〝単位〟によって売り出される土地使用権、さらには、村の集団所有地の場合にもあてはまる。ただし、行政配分された土地を、政府の許可ならびに追加的な対価の支払いなく、再譲渡することは違法である（この情報については、香港大学計画系教員の伍美琴に拝謝）。

註15　中央政府も、激しい土地投機の規制に取り組んでいる。一九九四年には、都市不動産管理法が成立した。同時に、「国務院は、地方政府に、会社登記を厳しくするように求めた。正式な許可を得ていない開発区は閉鎖された。実体のない開発にあっては、使用権の譲渡に取引税が課された。また、開発業者は、土地から棚ぼた利益を手にした場合、付加価値税を納めなければならなかった」（Yeh and Wu 1998 222）。二〇〇二年以来、土地管理センターが各都市に設立され、都市の土地は、今や公開オークションでリースされている。この新しい方法によって、腐敗が生じる機会の減少が期待されている。

註16　ともあれ、中国の甚だしい汚職に対する世評を、グローバルな観点でとらえておくとよいかもしれない。ベルリンを拠点とするドイツの非営利団体、トランスペアレンシー・インターナショナルは、世界的規模で汚職を追っている。その二〇〇二年腐敗認識指数（各国での複合調査にもとづく数値）では、総数一〇二ヵ国のなかで、中国は五九位にランクされている。フィンランドが最上位で、バングラデシュが最下位である。他国の順位を比較のために掲げておくと、シンガポールは五位、香港は一四位、アメリカは一六位、日本は二〇位、台湾は二九位、イタリアは三一位、ブラジルは四五位、インドとロシアは七一位、インドネシアは九六位である。同団体のウェブ・サイト（www.transparency.org/）を参照。こうした指標は有用であるが、順位を過度に重視すべきではない。たとえば、ローカルな取引のレベルでは、不正なこと、伝統的な〝関係〟、そして適法行為の境界線が、必ずしも明確に引かれているわけではなく、ささやかな金品を受け取ることに、人々はかなり寛容に見える。むろん、汚職が国家官僚、党の上層部にまで達すると、問題はより深刻である。パイ（Pye 1996）が述べているように、「腐敗のレベルは、客観的にみると、第三世界諸国の標準よりもはるかに悪いということではないかもしれない。ただ、中国での主観的な正当性は、今なお、政府は道徳上の規律の擁護者であるべきとの考え方につながっていく。それゆえ、道徳に低下が見られたなら、ただちに政府の落ち度となる」（35）。

註17　類似した分析としては、非常に異なった観点からであるが、フランスの研究者、ロッカ（Rocca 2003）が、「社会の国家化（statification of society）」や「国家の社会化（societalization of the state）」を論じている。どちらの言葉も、まさによく表現されているが扱いにくい。彼の見るところ、中国におけるガバナンスの仕組みを少なからず安定させているのは、まさしく、そうした政府と社会との相互浸透である。

註18　詳細については、Yeh and Wu 1998, ch. 2を参照。都市計画法の前には、一九八四年に国務院によって発布された都市計画条例が存在した。アブラムソンほか（Abramson, Leaf, and Ying 2002）は、「この法令を通じて、すべての市・県政府は、地方経済計画の現行手順にならい、物的整備の指針となる基本計画の策定を求められた」と記している（167）。

註19　プランナーの職能資格試験は、志願者に、計画の原理、法規、倫理、実務に関する知識について試問している（Zhang 2002a）。

註20　現在、広州の人口は、臨時工も含めて、約六〇〇万人と推定される。この食い違いは、プランニングの大部分が、そのおよそ半数の都市〝戸口〟を手にしている正式な人口に合わせられ、著しく現実離れしたものであることを意味している。最近は、いわゆる暫住人口の推計が、空間需要を算出するために加えられている——もっとも、都市〝戸口〟の人々が必要とす

る空間のわずか三分の二という比率であるが——。

註21 広州ではどうであろうか。当局が正確に把握できていない三〇〇万の人口、そしてその多くが、都市に対する権利をまったく有していない、単なる「流民」とみなされていることを見過ごしてはならない。

註22 泉州のプランニングに関する優れた事例研究には、Abramson, Leaf, and Ying 2002, Leaf and Abramson 2002がある。深圳については、Ng and Tang 2002を参照。

註23 註2を参照。

結論

註1 公正を期するために付言すれば、「三つの代表」という江沢民の理論は、党がレーニン主義を先導していく役割には言及していない。この理論にて、党の役割とは、中国の〝先進的な生産力〟の発展要求、中国の〝先進的な文化〟の前進方向、そして〝中国の最も広範な人民〟の根本的な利益を代表することである。むろん、このような表明の厳密な意味合いについては、さまざまな解釈が可能である。

註2 この研究事業は、イギリスの経済・社会研究会議ならびに武漢の環境保護部門から、資金援助されていた。

註3 東部の省との比較で、四川省の汚染対策の実施状況を論じた優れた研究に、ファン・ローイ（van Rooij 2003）がある。今や、大気・水質汚染については、規制を実施するための行政機関が整い、この数年間、汚染対策において着実な進展が見られたが、現行制度は決して十分ではない。ファン・ローイは、二〇〇〇年の単純に算出できる実施率（主要な汚染指標の一万トンあたりの実施件数）において、最も取組みが進んでいるのは江蘇省の二二・四で、一方、四川省は最下位で一・六に留まったことを明示している。中国全体としての平均値は、七・三であった（ibid., table 4）。

註4 規制されていない自家用車の利用が中国の都市にもたらしうる深刻な影響については、Kenworthy and Hu 2002の非常に優れた論考を参照。

註5 他の事例研究としては、Abramson, Leaf, and Ying 2002がある。

註6 カーン&リスキン（Khan and Riskin 2001）によれば、一九九〇年代半ば、失業率は都市労働力の八・五%に達した。この推計は、九省でのサンプル調査をもとにしている。しかし、失業率とは、きわめてあいまいな概念であり、推定値は、「失業状態」と「労働力」の両方の定義に完全に左右される。さらに、今日の状況では、「就業者」という区分は、収入を問わず、路上で経済活動に携わっているインフォーマル部門の誰もが含まれるかもしれない。ソリンジャー（Solinger 2003, 69）によると、武漢には、以前は国有企業の常勤であったが、今やかろうじて何とか暮らしている——一九二〇年代、北京に見られた人力車の車夫のような——輪タク運転手が四万人いる。

註7 貧困は、失業率と同じように、計量がむずかしい概念であり、定義が絶えず問題にされうる。カーン&リスキンの研究では、貧困者率が割り出されているが、それは、最初に都市労働者が必要とする一日の最低カロリー量を推計し、そのカロリーを

摂取するのにかかる費用を、市場で食料として手に入れるのに求められる購買力でとらえていた。そして、食費が全支出額の五五％に達している状況で、二二九一元／年（一九一元／月）というひとつの貧困線が設定され、さらに、中位ならびに低位の貧困線が、それぞれ、その八〇％、七〇％とされた（Khan and Riskin 2001, 79-80）。

註8 これまで簡潔に論じてきた都市の持続可能性に関わるそれぞれの問題は、都市が取り組まなければならない課題の一部分にすぎない。生産性の高い農地が都市の用途に向けられる土地転換の問題、特に東北部の都市が直面する極めて深刻な水問題（地下水位の急激な低下）、過度な放牧によって徐々に進行する砂漠化（東北部の都市での断続的な砂あらしの発生）、そして、引き続き深刻な大気・水質汚染の問題や高まる自動車利用にともなう高い社会的費用なども勘案しなければならない。詳細については、Smil 1993, Sinkule and Ortolano 1995, Ho and Kueh 2000, Kenworthy and Hu 2002, Brown 2003, Ho and Lin 2004を参照。

参考文献

Abramson, Daniel B., Michael Leaf, and Tan Ying. 2002. "Social Research and the Localization of Chinese Urban Planning Practice: Some Ideas from Quanzhou, Fujian." In John R. Logan, ed., ***The New Chinese City: Globalization and Market Reform***, 167-80. Oxford: Blackwell.

Abu-Lughod, Janet. 1989. ***Before European Hegemony: The World System A.D. 1250-1350***. New York: Oxford University Press.

Anderson, Samantha. 2003. "Cities on the Edge: Peri-Urbanization in South-eastern China." Master's thesis, School of Community and Regional Planning, University of British Columbia, Vancouver, Canada.

Arendt, Hannah. 1958. ***The Human Condition***. Chicago: University of Chicago Press.

Barmé, Geremie R. 2000. "The Revolution of Resistance." In Elizabeth J. Perry and Mark Selden, eds., ***Chinese Society: Change, Conflict, Resistance***, 198-220. London: Routledge.

Bøkman, Harald. 1998. "China Deconstructs? The Future of the Chinese Empire-State in a Historical Perspective." In Kjeld Erik Brødsgaard and David Strand, eds., ***Reconstructing Twentieth Century China: State Control, Civil Society, and National Culture***, 310-46. Oxford: Clarendon Press.

Bonnin, Michel, and Yves Chevrier. 1996. "The Intellectual and the State: Social Dynamics of Intellectual Autonomy during the Post-Mao Era." In Brian Hook, ed., ***The Individual and the State in China***, 149-74. Oxford: Clarendon Press.

Braudel, Fernand. 1992. ***The Perspective of the World***. Vol. 3 of ***Civilization and Capitalism***. Berkeley: University of California Press.

Brødsgaard, Kjeld Erik. 1998. "State and Society in Hainan: Liao Xun's Ideas on 'Small Government, Big Society.'" In Kjeld Erik Brødsgaard and David Strand, eds., ***Reconstructing Twentieth Century China: State Control, Civil Society, and National Culture***, 189-215. Oxford: Clarendon Press.

Brook, Timothy. 1997. "Auto-Organization in Chinese Society." In Timothy Brook and B. Michael Frolic, eds., ***Civil Society in China***, 19-45. Armonk, N.Y.: M.E. Sharpe.

Brook, Timothy, and B. Michael Frolic, eds. 1997. ***Civil Society in China***, 19-45. Armonk, N.Y.: M.E. Sharpe.

Brosseau, Maurice. 1998. "Entrepreneurs Probing Uncertainty and Bounded Rationality." In Y.M. Yeung and David K.Y. Chu, eds., ***Guangdong: Survey of a Province Undergoing Rapid Change***, 191-232. 2d ed. Hong Kong: Chinese University Press.

Brown, Lester R. 2003. ***Plan B: Rescuing a Planet under Stress and a Civilization in Trouble***. New York: W.W. Norton.

Castells, Manuel. 1996. ***The Rise of the Network Society***. Oxford: Blackwell Publishers.

Chamberlain, Heath. 1998. "Civil Society with Chinese Characteristics." ***China Journal*** 39 (January): 69-82.

Chan, Anita. 2002. "The Culture of Survival Lives of Migrant Workers through the Prism of Private Letters." In Perry Link, Richard P. Madsen, and Paul G. Pickowicz, eds., *Popular China: Unofficial Culture in a Globalizing Society*, 163-88. Lanham, Md.: Rowman and Littlefield.

Chan, Kam Wing. 1994. *Cities with Invisible Walls: Reinterpreting Urbanization in Post-1949 China*. Hong Kong: Oxford University Press.

Chan, Kam Wing, and Yong Hu. 2003. "Urbanization in China in the 1990s: New Definition, Different Series, and Revised Trends." *China Review* 3, no. 2.

Cheek, Timothy. 1998. "From Market to Democracy in China: Gaps in the Civil Society Model." In Juan D. Lindau and Timothy Cheek, eds., *Market Economics and Political Change: Comparing China and Mexico*, 219-54. Lanham, Md.: Rowman and Littlefield.

Chen, Nancy N. 1995. "Urban Spaces and Experiences of Qigong." In Deborah S. Davis et el., eds., *Urban Spaces in Contemporary China: The Potential for Autonomy and Community in Post-Mao China*, 347-61. Washington, D.C.: Woodrow Wilson Center Press and Cambridge University Press.

Chen, Nancy N., et al., eds. 2001. *China Urban: Ethnographies of Contemporary Culture*. Durham, N.C.: Duke University Press.

Cheng, Joseph Y.S. 2000. "Guangdong's Challenges: Organizational Streamlining, Economic Restructuring, and Anticorruption." *Pacific Affairs* 73, no. 1 (Spring): 9-36.

Cheng, Tiejun, and Mark Selden. 1994. "The Origins and Social Consequences of China's *Hukou* System." *China Quarterly* 139: 644-68.

Cheung, Peter T.Y. 1998. "Changing Relations between the Central Government and Guangdong." In Y.M. Yeung and David K.Y. Chu, eds., *Guangdong: Survey of a Province Undergoing Rapid Change*, 23-62. 2d ed. Hong Kong: Chinese University Press.

———. 2002. "Managing the Hong Kong-Guangdong Relationship." In Anthony Gar-on Yeh et al. eds., *Building a Competitive Pearl River Delta Region*, 39-56. Hong Kong: Centre of Urban Planning and Environmental Management, University of Hong Kong.

Commission on Strategic Development. 2000. *Bringing the Vision to Life: Hong Kong's Long-term Development Needs and Goals*. February.

Corporació Metropolitana de Barcelona. 1986. *Giant Cities of the World*. Publication prepared by the scientific commission of the Spanish Task Force of the International Conference on Population and the Urban Future. Barcelona: Corporació Metropolitana.

Creel, Herrlee G. 1974. *Shen Pu-Hai: A Chinese Political Philosopher of the Fourth Century B.C.* Chicago: University of Chicago Press.

Davis, Deborah S. 2002. "When a House Becomes His Home." In Perry Link, Richard P. Madsen, and Paul G. Pickowicz, eds., ***Popular China: Unofficial Culture in a Globalizing Society***, 231-50. Lanham, Md.: Rowman and Littlefield.

———. ed. 2000. ***China's Urban Consumer Revolution***. Berkeley: University of California Press.

Des Forges, Roger V. 1997. "States, Society, and Civil Societies in Chinese History." In Timothy Brook and B. Michael Frolic, eds., ***Civil Society in China***, 68-95. Armonk, N.Y.: M.E. Sharpe.

De Tocqueville, Alexis. 1969. ***Democracy in America***. New York: Doubleday.

DiGregorio, Michael R. 2001. "Iron Works: Excavating Alternative Futures in a Northern Vietnamese Craft Village." Ph.D. diss., University of California, Los Angeles.

Ding, X.L. 1994. "Institutional Amphibiousness and the Transition from Communism: The Case of China." ***British Journal of Political Science*** 24, no. 1: 293-318.

Douglass, Mike, and John Friedmann, eds. 1998. ***Cities for Citizens: Planning and the Rise of Civil Society in a Global Age***. Chichester, N.Y.: John Wiley and Sons.

Dowdle, Michael William. 2002. "Constructing Citizenship: The NPC as Catalyst for Political Participation." In Merle Goldman and Elizabeth J. Perry, eds., ***Changing Meanings of Citizenship in Modern China***, 330-49. Cambridge, Mass.: Harvard University Press.

Elvin, Mark. 1974. "Introduction." In Mark Elvin and G. William Skinner, eds., ***The Chinese City between Two Worlds***, 1-16. Stanford, Calif.: Stanford University Press.

Erwin, Kathleen. 2000. "Heart-to-Heart, Phone-to-Phone: Family Values, Sexuality, and the Politics of Shanghai's Advice Hotlines." In Deborah S. Davis, ed., ***China's Urban Consumer Revolution***, 145-70. Berkeley: University of California Press.

Esherick, Joseph W., ed. 1999. ***Remaking the Chinese City: Modernity and National Identity, 1900-1950***. Honolulu: University of Hawai'i Press.

Fairbank, John King. 1986. ***The Great Chinese Revolution: 1800-1985***. New York: Harper and Row.

Fan, Cindy C. 1997. "Uneven Development and Beyond: Regional Development Theory in Post-Mao China." ***International Journal for Urban and Regional Research*** 21: 620-39.

Far Eastern Economic Review. 2003a. "The Angry Face behind the Real Estate Bonanza." June 19: 31.

———. 2003b. "Untying the Knot." September 11: 30-31.

Faure, David, and Tao Tao Liu, eds. 2002. ***Town and Country in China: Identity and Perception***. New York: Palgrave.

Feiner, Jacques, Diego Salmerón, Ernst Joos, and Willy A. Schmid. 2002. "Priming Sustainability: The Kunming Urban Region Development Project." ***DISP*** 151 (Zurich), 38, no. 4: 59-67.

Forster, Keith, and Xianguo Yao. 1999. "A Comparative Analysis of Economic Reform and Development in Hangzhou and Wenzhou Cities." In Jae Hung Chung, ed., *Cities in China: Recipes for Economic Development in the Reform Era*, 53-104. London: Routledge.

Friedmann, John. 1986. "The World City Hypothesis." *Development and Change* 17, no. 1: 69-84.

———. 1998a. "The New Political Economy of Planning: The Rise of Civil Society." In Mike Douglass and John Friedmann, eds., *Cities for Citizens: Planning and the Rise of Civil Society in a Global Age*, 19-35. Chichester, N.Y.: John Wiley and Sons.

———. 1998b. "World City Futures: The Role of Urban and Regional Policies in the Asia-Pacific Region." In Yue-man Yeung, ed., *Urban Development and Asia: Retrospect and Prospect*, 25-44. Hong Kong: Chinese University Press.

———. 2002. *The Prospect of Cities*. Minneapolis: University of Minnesota Press.

Friedmann, John, and Mike Douglass. 1978. "Agropolitan Development: Towards a New Strategy for Regional Planning in Asia." In Fu-chen Lo and Kamal Salih, eds., *Growth Pole Strategy and Regional Development Policy: Asian Experiences and Alternative Approaches*, 147-62. Published for the United Nations Centre for Regional Development. Oxford: Pergamon Press.

Friedmann, John, and Clyde Weaver. 1979. *Territory and Function: The Evolution of Regional Planning*. Berkeley: University of California Press.

Gaubatz, Piper Rae. 1995. "Urban Transformation in Post-Mao China: Impacts of the Reform Era on China's Urban Form." In Deborah S. Davis et al., eds., *Urban Spaces in Contemporary China: The Potential for Autonomy and Community in Post-Mao China*, 28-60. Washington, D.C.: Woodrow Wilson Center Press and Cambridge University Press.

Gernet, Jacques. 1996. *A History of Chinese Civilization*. Translated by J.R. Foster and Charles Hartman 2d ed. Cambridge: Cambridge University Press.

Giese, Karsten. 2003. "Internet Growth and the Digital Divide: Implications for Spatial Development." In Christopher Hughes and Gudrun Wacker, eds., *China and the Internet: Politics of the Digital Leap*, 30-57. London: Routledge Curzon.

Gilley, Bruce. 2004. "The 'End of Politics' in Beijing." *China Journal* 51: 115-35.

Gold, Thomas B. 1990. "The Resurgence of Civil Society in China." *Journal of Democracy* 1, no. 1 (Winter): 18-31.

Goldman, Merle, and Elizabeth J. Perry, eds. 2002. *Changing Meanings of Citizenship in Modern China*. Cambridge, Mass.: Harvard University Press.

Graham, A.C. 1989. *Disputers of the Tao: Philosophical Arguments in Ancient China*. La Salle, Ill.: Open Court.

Gu, Xin. 1993-94. "A Civil Society and Public Sphere in Post-Mao China? An Overview of Western Publications." *China Information* 8, no. 3 (Winter): 38-52.

Guldin, Gregory Eliyu. 2001. *What's a Peasant to Do? Village Becoming Town in Southern China*. Boulder, Colo.: Westview Press.

Guldin, Gregory Eliyu, ed. 1997. ***Farewell to Peasant China: Rural Urbanization and Social Change in the Late Twentieth Century.*** Armonk, N.Y.: M.E. Sharpe.

Habermas, Jürgen. 1989. ***The Structural Transformation of the Public Sphere: An Inquiry into a Category of Bourgeois Society.*** Translated by Thomas Burger with the assistance of Frederick Lawrence. Cambridge: Polity Press.

Heng, Chye Kiang. 1999. ***Cities of Aristocrats and Bureaucrats: The Development of Medieval Chinese Cityscapes.*** Singapore: National University of Singapore.

Ho, Samuel P.S., and Y.Y. Kueh. 2000. ***Sustainable Economic Development in South China.*** New York: St. Martin's Press.

Ho, Samuel P.S., and George C.S. Lin. 2004. "Converting Land to Nonagricultural Use in China's Coastal Provinces." ***Modern China*** 30, no. 1: 81-112.

Hoffman, Lisa, and Zhongquan Liu. 1997. "Rural Urbanization on the Liaodong Peninsula: A Village, a Town, and a Nongmin Cheng." In Gregory Eliyu Guldin, ed., ***Farewell to Peasant China: Rural Urbanization and Social Change in the Late Twentieth Century***, 151-82. Armonk, N.Y.: M.E. Sharpe.

Hong, Lijian. 1999. "A Tale of Two Cities: A Comparative Study of the Political and Economic Development in Chengdu and Chongqing." In Jae Ho Chung, ed., ***Cities in China: Recipes for Economic Development in the Reform Era***, 183-214. London: Routledge.

Hooper, Beverly. 2000. "Consumer Voices: Asserting Rights in Post-Mao China." ***China Information*** 14, no. 2: 92-128.

Huang, Philip. 1993. "'Public Sphere'/'Civil Society' in China?" ***Modern China*** 19, no. 2: 217-40.

Fan, Jie, and Wolfgang Taubmann. 2002. "Migrant Enclaves in Large Chinese Cities." In John R. Logan, ed., ***The New Chinese City: Globalization and Market Reform***, 183-97. Oxford: Blackwell.

Jullien, François. 1995. ***The Propensity of Things: Toward a History of Efficacy in China.*** New York: Zone Books.

Kenworthy, Jeff, and Gang Hu. 2002. "Transport and Urban Change in Chinese Cities." ***DISP*** 151 (Zurich), 38, no. 4: 4-14.

Khan, Azizur Rahman, and Carl Riskin. 2001. ***Inequality and Poverty in China in the Age of Globalization.*** Oxford: Oxford University Press.

Kostof, Spiro. 1992. ***The City Assembled: The Elements of Urban Form through History.*** Boston: Little, Brown.

Lau, Pui-king. 1998. "Industry and Trade." In Y.M. Yeung and David K.Y. Chu, eds., ***Guangdong: Survey of a Province Undergoing Rapid Change***, 127-50. 2d ed. Hong Kong: Chinese University Press.

Leaf, Michael. 2002. "A Tale of Two Villages: Globalization and Peri-Urban Change in China and Vietnam." ***Cities*** 19, no. 1: 23-31.

Leaf, Michael, and Daniel Abramson. 2002. "Global Networks, Civil Society, and the Transformation of the Urban Core in Quanzhou, China." In Eric H. Heikkila and Rafael Pizarro, eds., ***Southern California in the World***, 153-78. Westport, Conn.:

Praeger.
Lefebvre, Henri. 1968. *Le droit à la ville*. Paris Anthropos.
Levy, Richard. 2003. "The Village Self-Government Movement: Elections, Democracy, the Party, and Anticorruption—Developments in Guangdong." *China Information* 17, no. 1: 28-65.
Lewis, John Wilson. 1971. *The City in Communist China*. Stanford: Stanford University Press.
Li, Si-ming, and Wing-shing Tang, eds. 2000. *China's Regions, Polity, and Economy: A Study of Spatial Transformation in the Post-Reform Era*. Hong Kong: Chinese University Press.
Lin, George C.S. 1997. *Red Capitalism in South China*. Vancouver: University of British Columbia Press.
Lindau, Juan D., and Timothy Cheek, eds. 1998. *Market Economics and Political Change: Comparing China and Mexico*. Lanham, Md.: Rowman and Littlefield.
Linge, Godfrey, ed. 1997. *China's New Spatial Economy: Heading Towards 2020*. Hong Kong: Oxford University Press.
Link, Perry, Richard P. Madsen, and Paul G. Pickowicz, eds. 2002. *Popular China: Unofficial Culture in a Globalizing Society*. Lanham, Md.: Rowman and Littlefield.
Liu, Yi, Zhang Lei, and Godfrey Linge. 1997. "The Bohai Sea Rim: Some Development Issues." In Godfrey Linge, ed., *China's New Spatial Economy: Heading Towards 2020*, 123-43. Hong Kong: Oxford University Press.
Logan, John. 2002. *The New Chinese City: Globalization and Market Reform*. Oxford: Blackwell.
Luk, Chiu-ming. 1998. "Transport and Communication." In Y.M. Yeung and David K.Y. Chu, eds., *Guangdong: Survey of a Province Undergoing Rapid Change*, 329-54. 2d ed. Hong Kong: Chinese University Press.
Mallee, Hein. 1997. "Rural Household Dynamics and Spatial Mobility in China." In John R. Logan, ed., *The New Chinese City: Globalization and Market Reform*, 278-97. Oxford: Blackwell.
Marton, Andrew M. 2000. *China's Spatial Economic Development: Restless Landscapes in the Lower Yangzi Delta*. London: Routledge.
Maruya, Toyojiro. 1998. "The Economy." In Y.M. Yeung and David K.Y. Chu, eds., *Guangdong: Survey of a Province Undergoing Rapid Change*, 63-86. 2d ed. Hong Kong: Chinese University Press.
Ma, Min. 2002. "Emergent Civil Society in the Late Qing Dynasty: The Case of Suzhou." In David Faure and Tao Tao Liu, eds., *Town and Country in China: Identity and Perception*, 145-65. New York: Palgrave.
Mote, F. W. 1977. "The Transformation of Nanking, 1350-1400." In G. William Skinner, ed., *The City in Late Imperial China*, 101-54. Stanford, Calif.: Stanford University Press.
———. 1999. *Imperial China 900-1800*. Cambridge, Mass.: Harvard University Press.
Murphy, Rachel. 2002a. *How Migrant Labor Is Changing Rural China*. Cambridge: Cambridge University Press.

———. 2002b. "Return Migration, Entrepreneurship, and State-sponsored Urbanization in the Jiangxi Countryside." In John R. Logan, ed., ***The New Chinese City: Globalization and Market Reform***, 229-44. Oxford: Blackwell.

Ng, Mee Kam. 2002. "Planning Cultures in Two Chinese Transitional Cities: Hong Kong and Shenzhen." Unpublished paper.

Ng, Mee Kam, Kervic Chan, and Peter Hills. 2002. "Sustainable Development in China: From Knowledge to Action." ***International Journal of Environment and Sustainable Development*** 2, no. 1: 36-61.

Ng, Mee Kam, and Wing Shing Tang. 2002. "Building a Modern Socialist City in an Age of Globalization: The Case of Shenzhen Special Economic Zone, People's Republic of China." In ***Conference Proceedings: Theme 4: Globalization, Urban Transition and Governance in Asia, Forum on Urbanizing World and UN Urban Habitat II***, 117-37. New York: International Research Foundation for Development.

Oi, Jean C. 1999. ***Rural China Takes Off: Institutional Foundations of Economic Reform***. Berkeley: University of California Press.

Ong, Aihwa. 1999. ***Flexible Citizenship: The Cultural Logics of Transnationality***. Durham, N.C.: Duke University Press.

Peerenboom, R.P. 1993. "What's Wrong with Chinese Rights? Toward a Theory of Rights with Chinese Characteristics." ***Harvard Human Rights Journal*** 6: 29-57.

Pei, Minxin. 1998. "Chinese Civic Association: An Empirical Analysis." ***Modern China*** 24, no.3: 285-318.

Perry, Elizabeth J., and Hsia-po Lü, eds. 1997. ***Danwei: The Changing Urban Workplace in Historical and Comparative Perspective***. Armonk, N.Y.: M.E. Sharpe.

Portes, Alejandro, Manuel Castells, and Lauren A. Benton, eds. 1989. ***The Informal Economy: Studies in Advanced and Less Developed Countries***. Baltimore: Johns Hopkins University Press.

Potter, Pitman B. 2003. ***From Leninist Discipline to Socialist Legalism: Peng Zhen on Law and Political Authority in the PRC***. Stanford, Calif.: Stanford University Press.

Pye, Lucian. 1996. "The State and the Individual: An Overview Interpretation." In Brain Hook, ed., ***The Individual and the State in China***, 16-42. Oxford: Clarendon Press.

Rocca, Jean-Louis. 2003. "The Rise of the Social and the Chinese State." ***China Information*** 17, no. 1: 1-27.

Rong, Chao-he, Li Wen-yan, Godfrey Linge, and Dean Forbes. 1997. "Linking the Regions: A Continuing Challenge." In Godfrey Linge, ed., ***China's New Spatial Economy: Heading Towards 2020***, 46-71. Hong Kong: Oxford University Press.

Rowe, William T. 1984. ***Hankow: Commerce and Society in a Chinese City, 1796-1889***. Stanford, Calif.: Stanford University Press.

———. 1989. ***Hankow: Conflict and Community in a Chinese City, 1796-1895***. Stanford, Calif.: Stanford University Press.

Rozman, Gilbert. 2003. "Center-Local Relations: Can Confucianism Boost Decentralization and Regionalism? In Daniel A. Bell and Hahm Chaibong, eds., ***Confucianism in the Modern World***, 181-200. New York: Cambridge University Press.

Saich, Tony, and Xuedong Yang. 2003. "Innovations in China's Local Governance: Open Recommendation and Selection." *Pacific Affairs* 76, no. 2: 185-208.

Sassen, Saskia. 1991. *The Global City: New York, London, Tokyo*. Princeton, N.J.: Princeton University Press.

Shambaugh, David, ed. 2000. *Is China Unstable?* Armonk, N.Y.: M.E. Sharpe.

She, Zhixiang, Xu Guan, and Godfrey Linge. 1997. "The Head and Tail of the Dragon: Shanghai and Its Economic Hinterland." In Godfrey Linge, ed., *China's New Spatial Economy: Heading Towards 2020*, 98-122. Hong Kong: Oxford University Press.

Shi, Yilong. 1997. "One Model of Chinese Urbanization: The Urbanization Process in Xiamen City's Caitang Village." In Gregory Eliyu Guldin, ed., *Farewell to Peasant China: Rural Urbanization and Social Change in the Late Twentieth Century*, 123-50. Armonk, N.Y.: M.E. Sharpe.

Shiu, Sin-por, and Yang Chun. 2002. "A Study on Developing the Hong Kong-Shenzhen Border Zone." In Anthony Gar-on Yeh et al. eds., *Building a Competitive Pearl River Delta Region: Cooperation, Coordination, and Planning*, 245-70. Hong Kong: Centre of Urban Planning and Environmental Management, University of Hong Kong.

Sinkule, Barbara J., and Leonard Ortolano. 1995. *Implementing Environmental Policy in China*. Westport, Conn.: Praeger.

Sit, Victor F.S. 1995. *Beijing: The Nature and Planning of a Chinese Capital City*. New York: John Wiley and Sons.

Skinner, G. William. 1977a. "Cities and the Hierarchies of Local Systems." In G. William Skinner, ed., *The City in Late Imperial China*, 275-351. Stanford, Calif.: Stanford University Press.

———. 1977b. "Regional Urbanization in Nineteenth-Century China." In G. William Skinner, ed., *The City in Late Imperial China*, 211-52. Stanford, Calif.: Stanford University Press.

———. 1977c. "Urban Development in Imperial China." In G. William Skinner, ed., *The City in Late Imperial China*, 3-32. Stanford, Calif.: Stanford University Press.

———. 1977d. "Urban Social Structure in Ch'ing China." In G. William Skinner, ed., *The City in Late Imperial China*, 521-54. Stanford, Calif.: Stanford University Press.

Skinner, G. William, ed. 1977. *The City in Late Imperial China*. Stanford, Calif.: Stanford University Press.

Smil, Vaclav. 1993. *China's Environmental Crisis: An Inquiry into the Limits of National Development*. New York: Praeger.

Solinger, Dorothy J. 1999. *Contesting Citizenship in Urban China: Peasant Migrants, the State, and the Logic of the Market*. Berkeley: University of California Press.

———. 2003. "Chinese Urban Jobs and the WTO." *China Journal* 49 (January): 61-88.

Steinhardt, Nancy Shatzman. 1990. *Chinese Imperial City Planning*. Honolulu: University of Hawai'i Press.

Strand, David. 1989. *Rickshaw Beijing: City People and Politics in the 1920s*. Berkeley: University of California Press.

———. 1999. "New Chinese Cities." In Joseph W. Esherick, ed., ***Remaking the Chinese City: Modernity and National Identity, 1900-1950***, 211-24. Honolulu: University of Hawai'i Press.

Sum, Ngai-Ling. 2002. "Globalization and Hong Kong's Entrepreneurial City Strategies: Contested Visions and the Remaking of City Governance in (Post-)Crisis Hong Kong." In John R. Logan, ed., ***The New Chinese City: Globalization and Market Reform***, 74-91. Oxford: Blackwell.

Taylor, John, and Qinghu Xie. 2000. "Wuhan: Policies for Management and Improvement of a Polluted City." In Terry Cannon, ed., ***China's Economic Growth: The Impact on Regions, Migration, and the Environment***, 143-60. New York: St. Martin's Press.

Terrill, Ross. 1975. ***Flowers on an Iron Tree: Five Cities of China***. Boston: Little, Brown.

Tomba, Luigi. 2004. "Creating an Urban Middle Class: Social Engineering in Beijing." ***China Journal*** 51: 1-26.

Tracy, Noel. 1997. "The Southeast: The Cutting Edge of China's Economic Reform." In Godfrey Linge, ed., ***China's New Spatial Economy: Heading Towards 2020***, 72-97. Hong Kong: Oxford University Press.

Tsin, Michael. 2000. "Canton Remapped." In Joseph W. Esherick, ed., ***Remaking the Chinese City: Modernity and National Identity, 1900-1950***, 19-29. Honolulu: University of Hawai'i Press.

Tucker, Robert C., ed. 1978. ***The Marx-Engels Reader***. 2d ed. New York: W.W. Norton.

Unger, Jonathan. 2002. ***The Transformation of Rural China***. Armonk, N.Y.: M.E. Sharpe.

United Nations Centre for Human Settlements (Habitat). 2001. ***Cities in a Globalizing World: Global Report on Human Settlements 2001***. London: Earthscan.

United Nations Department of Economic and Social Affairs. 1998. ***World Urbanization Prospects: The 1996 Revision***. New York: United Nations.

Van Rooij, Benjamin. 2003. "Organization and Procedure in Environmental Law Enforcement: Sichuan in Comparative Perspective." ***China Information*** 17, no. 2: 36-64.

Vogel, Ezra F. 1989. ***One Step Ahead in China: Guangdong under Reform***. Cambridge, Mass.: Harvard University Press.

Wakeman, Frederick, Jr. 1993. "The Civil Society and Public Sphere Debate: Western Reflections on Chinese Political Culture." ***Modern China*** 19, no. 2 (April): 108-38.

Waley, Arthur. 1939. ***Three Ways of Thought in Ancient China***. London: Allen and Unwin.

Wang, Feng. 1997. "The Breakdown of a Great Wall: Recent Changes in the Household Registration System in China." In Thomas Sharping, ed., ***Floating Population and Migration in China: The Impact of Economic Reforms***, 149-65. Mitteilungen des Instituts für Asienkunde, Hamburg, no. 284.

———. 2003. "Housing Improvement and Distribution in Urban China: Initial Evidence from China's 2000 Census." ***China Review***

3, no. 2: 121-43.
Wang, Mark Yaolin. 2002. "Small City, Big Solution: China's Hukou System Reform and Its Potential Impacts." *DISP* 151 (Zurich), 38, no. 4: 23-29.
Wang, Shaoguang. 1995. "The Politics of Private Time: Changing Leisure Patterns in Urban China." In Deborah S. Davis et el., eds., ***Urban Spaces in Contemporary China: The Potential for Autonomy and Community in Post-Mao China***, 149-72. Washington, D.C.: Woodrow Wilson Center Press and Cambridge University Press.
Wasserstrom, Jeffrey N. 1999. "Locating Old Shanghai: Having Fits about Where It Fits." In Joseph W. Esherick, ed., ***Remaking the Chinese City: Modernity and National Identity, 1900-1950***, 192-210. Honolulu: University of Hawai'i Press.
Watt, John R. 1977. "The Yamen and Urban Administration." In G. William Skinner, ed., ***The City in Late Imperial China***, 353-90. Stanford, Calif.: Stanford University Press.
Webster, Douglas, and Larissa Muller. 2002. "Challenges of Peri-urbanization in the Lower Yantze Region: The Case of the Hangzhou-Ningbo Corridor." Discussion paper. Asia Pacific Research Center, Stanford University.
Wei, Yehua Dennis. 2000. ***Regional Development in China: State, Globalization, and Inequality***. London: Routledge.
Weston, Timothy B., and Lionel M. Jensen, eds. 2000. ***China beyond the Headlines***. Lanham, Md.: Rowman and Littlefield.
Wheatley, Paul. 1971. ***The Pivot of the Four Quarters: A Preliminary Enquiry into the Origins and Character of the Ancient Chinese City***. Edinburgh: Edinburgh University Press.
White, Gordon. 1996. "The Dynamics of Civil Society in Post-Mao China." In Brian Hook, ed., ***The Individual and the State in China***, 196-222. Oxford: Clarendon Press.
White, Gordon, Jude Howell, and Xiaoyuan Shang. 1996. ***In Search of Civil Society: Market Reform and Social Change in Contemporary China***. Oxford: Clarendon Press.
White, Lynn T., III. 1998a. ***Unstately Power***. Vol. 1: ***Local Causes of China's Economic Reforms***. Armonk, N.Y.: M.E. Sharpe.
———. 1998b. ***Unstately Power***. Vol. 2: ***Local Causes of China's Intellectual, Legal, and Governmental Reforms***. Armonk, N.Y.: M.E. Sharpe.
Wong, K.K., and X.B. Zhao. 1999. "The Influence of Bureaucratic Behavior on Land Apportionment in China: The Informal Process." ***Environment and Planning C: Government and Policy*** 17, no. 1: 113-26.
Wright, Arthur F. 1977. "The Cosmology of the Chinese City." In G. William Skinner, ed., ***The City in Late Imperial China***, 33-74. Stanford, Calif.: Stanford University Press.
———. 1978. ***The Sui Dynasty: The Unification of China, A.D. 581-617***. New York: Alfred A. Knopf.
Wu, Fulong. 2002. "China's Changing Urban Governance in the Transition towards a More Market-Oriented Economy." ***Urban***

Studies 39, no. 7: 1071-93.

Xu, Dixin, and Chengming Wu, eds. 2000. ***Chinese Capitalism 1522-1840***. New York: St. Martin's Press.

Xu, Jiang, and Mee Kam Ng. 1998. "Socialist Urban Planning in Transition: The Case of Guangzhou, China." ***Third World Planning Review*** 20, no. 1: 35-51.

Xu, Yinong. 2000. ***The Chinese City in Space and Time: The Development of Urban Form in Suzhou***. Honolulu: University of Hawai'i Press.

Yan, Yunxiang. 2003. ***Private Life under Socialism: Love, Intimacy, and Family in a Chinese Village, 1949-1999***. Stanford, Calif.: Stanford University Press.

Yang, Dali L. 1997. ***Beyond Beijing: Liberalization and the Regions in China***. London: Routledge.

Yeh, Anthony Gar-on. 2002. "Further Cooperation between Hong Kong and the Pearl River Delta in Creating a More Competitive Region." In Anthony Gar-on Yeh et al. eds., ***Building a Competitive Pearl River Delta Region: Cooperation, Coordination, and Planning***, 319-46. Hong Kong: Centre of Urban Planning and Environmental Management, University of Hong Kong.

Yeh, Anthony Gar-on, and Fulong Wu. 1998. "The Urban Planning System in China." ***Progress in Planning*** 51, no. 3: 165-252.

Yeh, Anthony Gar-on, et al., eds. 2002. ***Building a Competitive Pearl River Delta Region: Cooperation, Coordination, and Planning***. Hong Kong: Centre of Urban Planning and Environmental Management, University of Hong Kong.

Yeung, Y.M., and David K.Y. Chu, eds. 1998. ***Guangdong: Survey of a Province Undergoing Rapid Change***. 2d ed. Hong Kong: Chinese University Press.

Yeung, Y.M., and Yun-wing Sung, eds. 1996. ***Shanghai: Transformation and Modernization under China's Open Policy***. Hong Kong: Chinese University Press.

Zhang, Li. 2001. ***Strangers in the City: Reconfigurations of Space, Power, and Social Networks within China's Floating Population***. Stanford, Calif.: Stanford University Press.

Zhang, Li, Simon X.B. Zhao, and J.P. Tian. 2003. "Self-help in Housing and Chengzhongcun in China's Urbanization." ***International Journal of Urban and Regional Research*** 27, no. 4: 912-37.

Zhang, Tingwei. 2002a. "Challenges Facing Chinese Planners in Transitional China." ***Journal of Planning Education and Research*** 22, no. 1: 64-76.

———. 2002b. "Decentralization, Localization, and the Emergence of a Quasi-Participatory Decision-Making Structure in Urban Development in Shanghai." ***International Planning Studies*** 7, no. 4: 303-23.

Zhou, Min, and John R. Logan. 1996. "Market Transition and the Commodification of Housing in Urban China." ***International***

Journal of Urban and Regional Research 20. no. 3: 400-21.
Zhu, Yu. 1999. *New Paths to Urbanization in China: Seeking More Balanced Patterns*. Commack, N.Y.: Nova Science Publishers.

※索引は 291 ページから始まっています。

事項索引

人名索引

訳者あとがき

冷戦構造の崩壊が外交専門家らの視野に入ってくる一九八〇年代末、訳者は、カリフォルニア大学ロサンゼルス校（UCLA）のハーベイ・S・パーロフ ホールにて、ジョン・フリードマン（John Friedmann）教授やエドワード・W・ソジャ（Edward W. Soja）教授から、第三世界の都市・地域開発に関わる諸理論を学ばせていただいた。いずれの講義にも、大いに引きつけられた。特に、参考図書に加えられていたフリードマン教授の名高い著書（Friedmann 1987）には深く心を動かされ、なかでも毛沢東の社会変革思想はマルクス主義のみならず、ジョン・デューイ（John Dewey）の「社会学習（social learning）」の影響を少なからず受けたものとの分析（13, 194-97）に覚えた感嘆は、その後、みずからの現代中国社会への変わらぬ関心へとつながっていった。

先般、ある国連資料で、ジョン・フリードマン教授の近刊書のテーマが「中国」であると知り、この分野にご関心をおもちの日本のみなさま（日本語を実用的な言語とされる国内外の方々）への「橋渡し役」を微力ながらも務められたらとの思いから、取り急ぎ、電子メールを先生へ送らせていただいたのが、この邦訳の始まりである。

本書は、Friedmann, John. 2005. *China's Urban Transition*. Minneapolis: University of Minnesota Press. の全訳である。原書のバックカバーには、次のような推薦の言葉が添えられ、その下段に続く簡潔な要旨とともに、原著者が独自の視座から読み解いた「中国・都市物語」へといざなっている。

「ジョン・フリードマン教授は、中国の驚くべき都市化の最も奥深いところをとらえ、その世界・歴史的な重要性を押さえている」――呉縛龍（Fulong Wu）、*Globalization and the Chinese City*〈グローバリゼーションと中国の都市〉編者

「これは、極めて時宜を得た著作であり、中国のめざましい都市への変貌に関わる複雑な力学や主体を、長い都市史を有するこの広大な国に固有なその史的背景を看過することなく、明らかにしている」――王才強（Chye Kiang Heng）、シンガポール国立大学

China's Urban Transition〈原題：中国の都市への変貌〉は、重層的な意味合いをそなえた都市化というプロセスを、何よりもまず総合的に取り扱っている。ジョン・フリードマンの論考は、この国の経済発展が単にグローバル資本によるだけではなく、内からの社会的な力学によって推し進められてきたことを示している。さらに都市の

日常生活に焦点を合わせ、著者は、その社会変動がいかに人々の暮らしの最も個人的な領域にまで及んでいるかを明らかにしていく。結論においては、「持続可能」な都市開発という問題、しかも中国みずからの歴史、価値観、制度との関係が提起されている。フリードマンは、中国は――すでに東アジアで最も力強い国であるが――、およそ一〇年以内に世界の大国となっているであろうと予見する。

この原書については、二〇〇五年一二月、イリノイ大学の張庭偉（Tingwei Zhang）教授によって専門誌に紹介されている。その明解な新刊書評は、「歴史家の眼をそなえた都市研究者」、ジョン・フリードマン教授独得の「考究スタイル」を高く評したうえで、本著作が中国はもとより、他国・地域にて都市への変貌を調査している方々にもおそらく有益であり、さらには都市研究、国際都市・地域計画といったクラスに適していると締めくくられている（Zhang 2005, 558）。

フリードマン教授は、この原書を刊行後も、特に大学院生を含む若手研究者を念頭に、精力的に関連した論考を発表されている。ついては引き続き、最新のそうした論文二本の要点にもふれてみたい。

中国の都市化を探究する際に重要な四つの視座
"Four Theses in the Study of China's Urbanization" (June 2006)

この論文で、フリードマン教授は、中国の都市化に関する今後の研究では以下のような四つの視座が重要ではないかと提言。まずは、今日の先例をみないプロセスのみに目を奪われるのではなく、歴史的な連続性も注視すべきこと、次に、都市化は多次元にわたる社会・空間的プロセスであり、したがって学際的なアプローチが求められること、さらに、農村と都市との関係については、農村よりもむしろ都市の観点から考察が加えられるべきこと、そして、中国の都市化は、グローバリゼーションといった潮流と絡み合っているとはいえ、何よりも中国の内発的なプロセスとしてみるべきことが力説されている（Friedmann 2006, 440）。これらは、まさに本邦訳の原書が取りまとめられた際の基本的なスタンスと重なり合うものである。

なお、先述の張庭偉教授のコメントにも関わるが、他の「途上国」の都市研究へのそうした視座の適用性をめぐっては、少なくとも最初の三点は、研究のベースとして直接的に当てはめられうるが、たとえば、アフリカに見受けられるような新植民地主義的力学が色濃く作用している都市化の諸事例を勘案すると、最後の点には、いくらかの制約が生じようと付記されている（449）。

中国の都市における「場」と「場の形成」に関する考察
"Reflections on Place and Place-making in the Cities of China" (June 2007)

この論文は、人々が暮らし続けることによって、また国家の方向づけにしたがって、相当な歳月をかけて形づくられていく、生活のパターンやリズムが埋め込まれた都市の小空間――「場」――が主題である。昨今の流動・変動する中国において、多数の人々が見知らぬ世界へと投げ出されるなか、フリードマン教授は、「場の形成」(翻って、「場の破壊・消去」)についての知識をより豊かに得ることで、凄まじい速さの発展にともなう痛みをいくらかでも和らげられようと思索する(Friedmann 2007, 257-61)。もっとも、今日、ますます人々のネットワークが都市の小空間を越えて拡大し、しかも近隣住民とのつながりが希薄になるにつれ、日々の暮らしのなかで「社区」をベースにした「場」の重要性が弱まる傾向等を鑑み、著者は、そのような都市の自律的小空間といった「虚構」をもとに末端の社会体制を再び整備する取組みに関しては、もくろみ通りには行かないであろうと推察する(272)。

今後の主たる研究課題として、フリードマン教授は、民政部が推進している「社区建設」事業、「場の破壊・消去」に対する人々の抵抗、都市周辺部の新しい「都市社区」での民間信仰の復活、そのような末端レベルでのガバナンスにあって市民社会が担う実際の役割といった四点を提起。そして、こうしたテーマはとりわけ次代を担う若手研究者の興味をかき立てずにはおかないであろうと結ばれている（277）。

このように、本邦訳の原書以降の中国に関する著述は、いずれも悠久の歴史を手がかりに、その都市化や人々の生活空間の行方、ひいては持続可能な都市の未来を読み解こうとするものであるが、かくも遠大な研究の枠組みが創出された淵源は、遠くは歴史・哲学者のロバート・フリードマン（Robert Friedmann: 1891-1970）教授——原著者の令尊——の存在（Friedmann 2002, 120-21）や、より直接的に原著者自身の主要研究のなかでは、一九七〇年代にオルタナティブな観点を模索するために進められた老荘思想にまで及ぶ高度な知的論考（134-44）などにたどれるのではないかと浅見をひとりめぐらせている。

最後に、原書の出版と同時にこの日本語版作成に着手することをご快諾くださり、さらに訳出プロセスではたびたび細部にわたりご教示くださったジョン・フリードマン教授に、改めて厚く感謝申し上げたい。また、本翻訳・出版作業の幾多の要所にて、ご指導をたまわった専門家、関係機関の方々にも、深く謝意を表したい。ことに中国都市部の旧地名の確認等にあたっては、旧知の程雅琴さんが貴重な助言・情報を寄せてくださり感謝にたえない。そして、特に公刊に際しては、さまざまな角度からご高配くださった鹿島出版会出版事業部の久保田昭子さんに、心よりお礼申し上げたい。

なお、原書にて、Vogel, Ezra F. 1989. *One Step Ahead in China: Guangdong under Reform.* からの引用部分については、訳者が中国の都市・農村問題に関する研究に着手した頃、感銘をもって拝読させていただいたその邦訳である『中国の実験』（中嶋嶺雄監訳 1991）にならった。末筆ながら、深謝の意を表したい。

二〇〇七年一一月

谷村 光浩

おもな参考文献

Friedmann, John. 1987. ***Planning in the Public Domain: From Knowledge to Action.*** Princeton, NJ: Princeton University Press.

———. 2002. ***The Prospect of Cities.*** Minneapolis: University of Minnesota Press.

———. 2005. ***China's Urban Transition.*** Minneapolis: University of Minnesota Press.

———. 2006. "Four Theses in the Study of China's Urbanization." ***International Journal of Urban and Regional Research.*** Volume 30, Number 2: 440-51.

———. 2007. "Reflections on Place and Place-making in the Cities of China." ***International Journal of Urban and Regional Research.*** Volume 31, Number 2: 257-79.

Vogel, Ezra F. 1989. ***One Step Ahead in China: Guangdong under Reform.*** Cambridge, Mass.: Harvard University Press. ――邦訳『中国の実験』（中嶋嶺雄監訳 1991）、東京、日本経済新聞社。

Zhang, Tingwei. 2005. "John Friedmann, ***China's Urban Transition***（Minneapolis: University of Minnesota Press, 2005）." ***Journal of Urban Affairs.*** Volume 27, Number 5: 557-58.

著者紹介

ジョン・フリードマン　John Friedmann

名誉博士〔チリ・カトリック大学，ドルトムント大学〕
カリフォルニア大学ロサンゼルス校（UCLA）名誉教授
ブリティッシュ・コロンビア大学（UBC）名誉教授

世界各国の都市・地域開発に関わる実務家や研究者に、理論と実践の両面にわたり、絶えず大きな影響を及ぼしてきたプランニングの巨匠。特に近年は、エンパワーメント、市民社会、世界都市などをめぐる論考により、先進国および途上国の都市・地域開発に新たな視座をひらく。

2006年には、第1回国連ハビタット・レクチュア賞（UN-HABITAT Lecture Award）を受賞。また、中国関連では、国立台湾大学客員講座教授、中国都市計画設計研究院名誉顧問を歴任。おもな近著に *The Prospect of Cities*（University of Minnesota Press, 2002）、“Globalization and the Emerging Culture of Planning”（*Progress in Planning*, 2005）。

訳者紹介

谷村光浩　たにむら・みつひろ

1962年大阪生まれ。博士（工学）〔東京大学大学院工学系研究科〕
名城大学経済学部経済学科・大学院経済学研究科 准教授
中国国際民間組織合作促進会（北京）国際顧問
早稲田大学法学学術院 非常勤講師

これまで、名古屋大学大学院国際開発研究科助手、チュラロンコン大学建築学部都市・地域計画学科 JICA 専門家、財団法人国際開発高等教育機構（FASID）国際開発研究センター研究員、国際基督教大学 21 世紀 COE プログラム リサーチ・フェロー、国際連合大学学長室客員研究員として、途上国の都市・地域開発、国際協力論等を専攻。おもな近著・翻訳に、M. Tanimura 著／李勇訳・程雅琴校“従物理学類推得出的‘可想象治理’記述”［“物理学からの類推より‘考えられるガバナンス’の記述”］（『中国非営利評論 Vol.8』，2011）、高橋一生監訳・編／GPG-Japan コーディネーター 谷村光浩『地球公共財の政治経済学』（国際書院、2005）。

中国《ちゅうごく》 都市《とし》への変貌《へんぼう》
悠久の歴史から読み解く持続可能な未来

2008年2月1日　第1刷発行
2013年3月1日　第2刷発行

著　ジョン・フリードマン　*John Friedmann*
訳　谷村光浩《たにむらみつひろ》

発行者　鹿島光一
発行所　鹿島出版会
〒104-0028　東京都中央区八重洲2-5-14
電話　03-6202-5200
振替　00160-2-180883
http://www.kajima-publishing.co.jp

装　丁　西野 洋
DTP　エムツークリエイト
印　刷　三美印刷
製　本　牧製本

ISBN978-4-306-04497-5 C3052

本書の内容に関するご意見・ご感想は下記までお寄せ下さい。
http://www.kajima-publishing.co.jp/
info@kajima-publishing.co.jp